Warten auf Anschluss

Horst Seidel

# WARTEN

## AUF

# ANSCHLUSS

unterwegs zu lesen

**goldenbogen**

Für Christine

1. Auflage 2012
© goldenbogen verlag
Grafiken: Horst Seidel
Titelbild: goldenbogen verlag
Satz und Layout: goldenbogen dvs
Druck und Verarbeitung: Druckhaus Dresden

ISBN: 978-3-932434-34-1

## ZUM GELEIT

Knapp drei Dutzend Prosastücke vereint der vorliegende jüngste Band Horst Seidels, knappe Texte allesamt. Daraus den Schluss zu ziehen, dem Verfasser ermangele es an jenem sprichwörtlich langem Atem, den ein Erzähler doch so bitter nötig hat, greift allerdings wahrhaftig zu kurz. Der relativ geringe Umfang vieler Geschichten, Skizzen, Erinnerungstableaus, die uns Horst Seidel präsentiert, ergibt sich in den meisten Fällen folgerichtig aus der klugen Beschränkung auf die fragmentarische literarische Gestaltung der Wirklichkeit, bei der sich der Autor ja notgedrungen auf eine an wenigen Handlungsschauplätzen agierende überschaubare Personage fokussieren muss, die er jedoch gerade aus diesem Grunde desto deutlicher ins rechte Licht rücken kann. Das ist er seinen Helden, gewöhnlichen Leuten, wie sie immer seltener in der neueren Literatur der Gegenwart zu finden sind, auch schuldig. Denn sie sind ihm selbst sehr nahe, mitunter gar zum Verwechseln ähnlich, die Akteure der meisten, offensichtlich autobiografisch grundierten Texte. Jener Mann zum Beispiel, den es in jungen Jahren in die Stadt gezogen hat, der immer wiederkehrt in das dörfliche Zuhause, das alte, dürftig instand gehaltene Fachwerkgemäuer mit dem schiefergedeckten Dach, das in den Himmel ragt und die kranke Mutter des Mannes noch halbwegs beschirmt. Sie wird am Stubenfenster stehen, hinter der Gardine und ihm winken, wenn er das Dorf wieder verlässt. Oder Frau Kappler, die verdienstvolle Gemeindebibliothekarin des Ortes. Die staunt nicht schlecht und freut sich über das »ganze Rudel Funktionäre«, das sich bei ihr die Ehre gibt. Aber das Rudel führt Böses im Schilde und Frau Kappler wird die Freude im Halse stecken bleiben. Und: »Kommst du?«, mahnt die Frau ihren Mann vom »Hahnepennern« herunter, den Oberboden. Doch der Mann nimmt sich, wie immer, wenn er da oben hockt, reichlich von dem, was er hat, von der Zeit zwischen Büchern, Bildern, Heften und alten Briefen, die ihre Geheimnisse offenbaren, in denen er sich findet und verliert, gerade so wie es dem geneigten Leser dieser Geschichten anempfohlen und zu wünschen wäre, dass er sich im Seidelschen Kosmos verlieren und wiederfinden möge.

Dresden im November 2011
Norbert Weiß

# MEINE FLÜSSE

Wie ein Fluss sich in seinem Lauf verändert und seine Umgebung ebenfalls so fühle auch ich mich schreibend im beseelten Fließen durch die Zeiten. Ich trage von verschiedenen Ufern etwas mit mir — von der Spree, von der Pleiße, von der Elbe und von der Zschopau vor allem. Aber ich brauchte lange, um es zu orten. Ein Fluss sucht sein Bett, den Schauplatz seiner Existenz, ein Schreiber bedarf seiner Uferzonen ebenso wie seiner Strömungen.

Mein elementares Inspirium ist das mittelsächsische Land mit dem Zschopautal. Nicht Kindheit und Jugend allein bewegen meinen Fluss; er fließt durch alle mir nahen Zeiten. Ihm tun die sanften Wellen ebenso gut wie die brandenden Fluten, ich liebe die außerordentliche Taunässe im Tal, die Leben spendet und zugleich Fäulnis fördert. Nebel verhüllen zuweilen das Fernliegende und konturieren das Nahe. Mit Sonne badet die ganze Kleinstadt Waldheim, eine Momentaufnahme für eine Ansichtskarte. Was mich an- und aufregt ist das Zusammenfließen von Landschaft und Erlebnissen mit Geschichte im und um das Heim im Walde. Beschaulichkeit und Wohlgefühl lassen die Beweggründe außer acht, spiegeln die Sonne auf den Wellen und ignorieren die Strömungen in der Tiefe. »Perle des Zschopautales« nennt sich der Ort, geschaffen von Vielen. Das stattliche Rathaus zum Beispiel: erbaut mit Hilfe der fleißigen Sträflinge des Gefängnisses. Diese Anstalt gibt es seit 1716, sie prägte den Ort mehr als seine Einwohner wahr haben wollen. Ich weiß manchmal auch heute nicht, ob ich mich ein- oder ausgesperrt fühlen soll.

Wenn die Luft im Tal voll Feuchtigkeit ist, denke ich auch an das Lied von der sogenannten Winzer-Linde, die dort im Hofe hinter den hohen, stacheldrahtbewehrten Mauern viele Jahre lang als natürlicher Trost den Rundgang der Häftlinge beschirmte; der unbekannte Dichter erinnerte an ihre Tränen:

> »... Die fallen zur Erde und dringen hinein,
> die Wurzeln des Baumes, sie saugen sie ein ...«

Ganz unschuldig ist kaum einer — die Insassen und Strafarbeiter nicht wie die mehr oder minder redlichen Aufpasser. Ich trachte danach, mein Land auch bei Nacht und Nebel zu kennen. So reibt sich mein Fluss an den Ufern, tränkt er die wachsenden Geschichten, schenkt er mir Gleichnisse auch wenn ich weit von meiner Schreibheimat entfernt bin.

# DIE KATZE I

Nun ist sie fort, die Planstelle seitdem unbesetzt, ihre Aufgaben sind aufgeteilt, und ihr Bild beginnt in meiner Erinnerung schon zu verschwimmen. Wertfrei erzählen, mag wer kann, ich kann es nicht; es fällt ohnehin schwer, darüber zu reden. Eine haarige Sache nennen es manche.

Antje war mir kein besonderer Freund, nicht Feind, nicht Nachbar oder so etwas. Sie war schon lange kein Mädchen mehr. Gemeinsam zahlten wir Beiträge, die sie kassierte und abrechnete. Wir waren Kollegen, doch nicht nur das; ich bin mir nicht sicher, was uns verband.

Sie telefonierte viel, und wenn sie es tat, dachte ich an Aquarelle; ich meine: sie malte mit ihrer Stimme. Und manchmal quälte sie den Pinsel, man hörte es strohig kratzen, und keine Träne, von Antje heimlich zerdrückt, vermochte dann die Konturen zu erweichen, die ihr eine harte Wirklichkeit auf die dünne Haut gezeichnet hatte. Gewöhnlich wechselte sie in diesem Falle das Thema, und das ganze sentimentale Getue um Haut und Haar, um alles oder nichts, begann von vorn. – Bildende Kunst und die Katze waren ihre Lieblingsgegenstände, über die sie sprach. Sie liebte ihre Katze und sprach von ihr wie von einer Schwester. Ich habe das Tier nie gesehen, aber gemocht. Besonders schön konnte man Antje nicht nennen. Natürlich betrieb sie Kosmetik. – Wenn sie gegen Feierabend Lidschatten malte, ihrem sonst blassen Gesicht eine Pfirsichtönung gab, wusste ich, dass Streicheln angesagt war. Mich interessierte dann nur noch, ob es einem neuen oder mir schon bekannten Streichler zugedacht war. – Liebte sie auch die Buntheit des Lebens, für ihr Gesicht wusste sie stets dezentere Nuancen.

Mit den Jahren war sie allmählich dem Übereifer der Jugend entflohen, und sie schlich sich auch in mein Leben über allerlei Wege wie gleiches Wohnviertel, gleicher Hang zum Bildnerischen und durch das Gestrüpp der Arbeitspausengespräche. Wenn man an ihrem Schwärmen Anteil nahm, wurde man von ihr andauernd umstrichen. Sie legte scheinbar magische Kreise um einen, aber nur so lange, wie die Beute sie lockte, und das war die Wärme unter vielen Umständen.

Unser Verhältnis kühlte sich ungewollt ab, nachdem sie den Ausreiseantrag gestellt hatte, und obwohl ich mir Mühe gab, es nicht zuzulassen. – Natürlich schockierte mich die Sache, aber Antje überzeugte mich fast von der Richtigkeit ihrer Übersiedlung in die BRD. Drüben erwarteten sie ihre Eltern, beide im Rentenalter, und ihr geschädigter Bruder, der irgendwo im Schwäbischen seit was weiß ich wie viel Jahren im Rollstuhl herumfuhr. – Stell dir vor, das würde dir passieren, dachte ich.

Als Antje den Antrag stellte, lief der ihrer Eltern schon lange, wovon wir aber nichts gewusste hatten.

Antje hatte auch beim Malen so eine Technik, den Grund stets nur durchschimmern zu lassen. Ja, sie verehrte nicht nur den Maler Oskar Kokoschka, den sie selbst in ihrer Abschlussarbeit des Fernstudiums zu ihrem Hauptthema gemacht hatte, sondern schwärmte überhaupt für die Malerei und probierte sich darin aus. Sie ging in so einen Zirkel und übte Stillleben und figürliches Zeichnen und ärgerte sich, weil ihr Landschaften nicht so gut gelangen und unsere Stadt doch so eine reizvolle Umgebung hat.

In ihren Kindheitsjahren ist die Palette ihrer Interessen noch breiter gewesen. Sie spielte auch in einem Laientheater; da wohnte sie mit ihren Eltern noch nördlicher in einem ländlichen Gebiet, wo die Lehrer keinen übertriebenen Respekt vor der Klassik hatten. Das Kind spielte die Antigone, später in Antje umgewandelt. Zur Premiere des Stückes, der das halbe Dorf entgegenfieberte, wechselte der Bruder über Berlin in die BRD über, wo ein Onkel sich über die Anhänglichkeit seines Neffen seit dessen Kindheitstagen im Schlesischen wunderte.

Der Onkel ist inzwischen gestorben. Den Eltern, die damals nichts von ihres Sohnes Absicht gewusst hatten, war danach im Dorf ein Verräter zugeordnet worden, und sie kauften bald ein altes, kleines Haus im Süden der Republik, wo die dortigen Nachbarn von der Sache mit dem Sohn nichts wussten. Dort wuchs Antje am Rande der großen Stadt auf, war stets sensibel und voller Hoffnungen auf ein erfülltes Leben. In der Zukunft. Sie hatte einen technischen Beruf erlernt und war bald in einen der Dienstleistungen übergewechselt, wobei sie der Kunst nahe sein konnte. Ihre vielseitigen Interessen trieben sie von Veranstaltung zu Veranstaltung, und ich dachte, als ich sie kennenlernte: Sie ist ein typisches Kind dieser Stadt. Freilich hingen ihren Gefühlsäußerungen manchmal so kleine Tralalas an, schlesische Schwänzchen nannte ich sie, aber es störte mich in keiner Weise.

Als sie den Übersiedlungsantrag stellte, waren ihre Eltern schon so gut wie drüben. Und nachdem sie übergesiedelt waren, hatte Antje noch ihre Katze und die große Neubauwohnung ihrer Eltern, die auch ihre war, bei uns. Das eigene Haus hatten die Eltern übrigens schon vor der Antragstellung verkauft und manches dazu verschenkt, selbst das eingeweckte Kompott, was ihre Tochter so gerne aß. Geschmacksfragen sind wohl auf jedem Flecken der Erde gleich diffizil und unterschiedlich – selbst in Familien. – Antje sollte den Eltern so schnell wie möglich nachkommen, und sie sahen wohl auch keine Gründe, die dagegen gesprochen hätten. Ihre Tochter war unverheiratet und mit ihren zweiunddreißig Jahren verhältnismäßig unselbständig. Nur in dem kleinen, eigenen Haus hatte sie ein eigenes Zimmerchen gehabt. Wichtig ist ja, dass man sich immer wieder einrichtet, dachten sie und hatten die Erfahrungen der großen Umsiedlertrecks, mit denen sie selbst aus Schlesien gekommen waren, vor Augen, die aber ihre Tochter nicht hatte. So eine Tochter gehört ins Elternhaus, hatte Antjes Vater einmal gesagt und vielleicht auch an sein Alter und an seine Magenkrankheit gedacht. Antje selbst sprach gelegentlich von der Migräne ihrer Mutter. Was sollte aus Antje werden, wenn sie alleine bliebe, schienen sich die Eltern zu fragen. Außerdem konnte ihnen selbst etwas passieren! – Sie wird nur noch mehr darüber jammern, was ihr alles zum Glück fehle, hatte Antjes Vater schon einmal gesagt, als ich den resoluten Alten vor ein paar Jahren flüchtig kennenlernte. Sicher hielten die Eltern ihren Bruder für einen unvergleichlich prächtigeren Menschen, der nun sogar seinen alten Eltern einen neuen Anfang am Lebensabend bescherte. Mir schien der geschädigte Bruder, dem es gut ging, der selbst Familie hat, wie ich erfuhr, kein ausreichender Grund dazu. Und gut ging es den Eltern bei uns auch, was den allgemeinen Wohlstand anbelangte. Politisch hatten sie sich stets wohlwollend eingefügt. War ihnen nach 40 Jahren unsere DDR keine Heimat geworden? Vermissten sie vielleicht jetzt erst, da ihnen ein Lebensstandard frei von Existenzsorgen und frei auch von Erziehungspflichten zugewachsen war, was sie in Kindheit und Jugend umgeben hatte? – Ich weiß, dass sie sich drüben Leuten anschließen wollten, die aus dem Schlesischen stammten; Antje hatte davon gesprochen. – Aber, Heimat, so haben wir gelernt, ist dort, wo man sich sicher fühlt. Antje hatte unser Brigadebuch sehr gut geführt, besonders als die Katze weg war, die sie zu den Eltern 'nübergeschickt hatte. – Alles, was Recht ist: Im Gegensatz zu ihrer Herrin war das Tier gesund und hatte alle möglichen Papiere – vom Tierarzt, von der Polizei und was weiß ich von wem noch, so dass es in dem anderen deutschen Land gut angekommen ist.

Antje ging danach öfter als vordem zu Psychologen und Neurologen. Und von der Übersiedlung ihrer Katze kann man in unserem Brigadebuch lesen. Ihre Herrin hat es gefeiert, obwohl ihr hundeelend war, denn an jenem Morgen davor fand sie das erste Mal einen Brief in ihrem Hausbriefkasten, worin sie aufgefordert wurde, doch endlich die viel zu große Wohnung aufzugeben. Auf ihrer Arbeitsstelle hatten wir schon zwei Monate vorher begonnen, sie zu entlasten, so dass sie als ziemlich frisch gebackener Fachschulkader bald nur noch Hilfsarbeiten ausführte. Aber ich spürte, dass Antje darunter litt und bezog sie in meine Arbeiten gelegentlich ein. Ich sorgte auch dafür, dass sie weiterhin kassieren durfte. Ich fragte mich damals: Was tun wir nur, so schicken wir sie doch fort, obwohl wir das Gegenteil möchten? – Also: Ihr fehlte dann die Katze. Ich erinnere mich, dass sie einmal gesagt hatte, wie sie das mag, wenn sich die Katze ihr zwischen die Beine lege. »Weißt du, das pulst so kreativ«, sagte sie zu mir. Einmal seufzte sie auch: »Es wird Zeit für eine Familie.« Damit meinte sie sich; aber sie sagte es so, als wäre diese Zeit für sie schon vorbei. Ich wusste, dass ihre Eltern Antjes hausfrauliches Unvermögen sehr häufig freundlich belächelten. Das ärgerte uns alle, aber später schienen es manche von uns vergessen zu haben. Ich strich Antje ab und zu über das Kopffellchen, denn es schmerzte mich ihr Los. Trotzdem glaubte ich, auf der Hut sein zu müssen, weil es sehr schnell geschehen kann, dass man plötzlich streunend durch unsere Zeit zieht, weil man sich nicht zu entscheiden wusste. Ich glaubte übrigens, dass unsere Antragstellerin nie mehr ihre Katze zwischen den Beinen spüren würde. Die wird vielleicht sterben, bevor sich ihre ehemalige Herrin mit irgendeinem Kunstfreund tröstet, dachte ich damals. Und Briefe pulsen nicht, besonders nicht die von Katzen, dachte ich. Wenn ich über das alles nachdenke, glaube ich, Antje hatte etwas von diesen Kokoschkaschen Figuren: Kratzbürstige Lieblinge, die dennoch dem Schicksal ausgeliefert sind, auch wenn sie noch so sehr subjektive Eigenheiten demonstrieren. Und: Kein Gleichmaß der Gesichtszüge. – Ich sah die Kokoschka-Ausstellung in der Rähnitzgasse, und Antje hatte uns alle dorthin geführt, und ich weiß, wovon ich spreche. – Sie war übrigens die einzige in unserem Arbeitskollektiv, mit der man sich richtig über bildende Kunst unterhalten konnte. Ich wunderte mich manchmal sehr über sie, denn von diesem Oskar Kokoschka beispielsweise wusste sie, so schien mir, oft mehr als sie gelesen haben konnte; sie erfühlte es gleichsam, meinte ich. Und ich würde, wenn es nicht so albern klingen würde, am liebsten sagen: Sie fühlte manches wie ein Tier, das genau weiß, wohin es gehört. Vieles andere aber war wohl Dressur.

Nun ja, der Übersiedlungsantrag lief lange. Und obwohl ich mitverantwortlich war für solche entscheidenden politischen Schritte, wurde ich in dieser Sache nie befragt. Man führte Gespräche mit ihr unter vier oder sechs Augen. Ob man auch mit ihr sprach, weiß ich nicht. Die Misserfolge machten die

Gesprächsführenden scheinbar unfreundlicher, und Antje suchte sichtlich ein Ende ihrer Hilflosigkeit, doch zunehmend nicht bei uns. Ich machte mit ihr noch ein Friedensprogramm für Kinder, und dabei lebte sie auf, hing nicht mehr so in ihren Sachen wie sonst. Ansonsten aber war ein beklemmender Frieden zwischen uns allen damals gewesen, und mir kam der Gedanke, dass — so lange es diese zwei grundsätzlich verschiedenen Welten auf unserer Erde gibt — vielleicht auch der Frieden zwei Gesichter haben muss. Sein zweites hatte er wohl nun Antje zugewandt. Nur manchmal noch schenkte sie mir ein Lächeln. — Da sie nicht mehr so lustvoll hingegeben durch die Zeit schweben konnte, wollte sie ihr entfliehen, das kostete Kraft. Antje ist schlank gewesen und wurde mager, sogar ihre Finger sah man bis zur Handwurzel knochig hervortreten.

Von der Katze sprach sie bald nicht mehr, nur einmal noch hauchte sie eines Morgens: »Gestern saß vor meinem Fenster der Kater, der immer zu meiner Katze gekommen ist.«

Ich nickte ein paar Mal ins Leere, und dann redeten wir nichts Wesentliches mehr an jenem Tag und machten still Feierabend, in der Hoffnung, uns am nächsten Morgen wiederzusehen.

Eines Tages sagte man mir, sie habe die Ausreise erhalten. Nun wärmt sie mich nicht mehr mit ihrem Lächeln, und ich wärme sie nicht mehr mit meiner unbeugsamen Freundlichkeit, aber ich fühle, dass sie an uns denkt, denn ich weiß: sie hat Heimweh.

Ich denke oft an sie, besonders wenn der Morgennebel das Elbtal und die Brücke, über die Antje so gerne ging, in die alte Romantik taucht, wenn die Jagdflieger, das gute Flugwetter nutzend, über uns in den Luftraum steigen, so dass man bei ihrem Gedröhn sein eigenes Wort nicht verstehen kann.

# KOMMEN UND GEHEN

Die Fenstervorhänge sind zugezogen. Von innen sind sie zugezogen. Und ein Mann kommt den Berg herauf mit gefurchter Stirn. Er trägt etwas, nicht ganz so schwer, aber immerhin, man sieht, dass er zu tragen hat. Er sieht also die blinden Fenster und verhält den Schritt und geht dann um so schneller.

Zu einem Fachwerkhaus gehört Sonne, denkt der Mann. Als die Holzbalken noch ein wenig, nur ganz wenig, an Harzduft erinnerten, war es für ihn das schönste und sicherste Haus unter der Sonne. Und er denkt an den kräftigen Kirschbaum mit dem starken, horizontal gewachsenen Ast, der stets gestützt werden musste. Ein Baum mit zwei Stämmen, einem im Hausschatten und einem in der Sonne, eine Schattenmorelle. Um diese Zeit begann sie immer zu blühen, ganz vorsichtig noch neben dem zarten Grün. Der Vater des Mannes hat sie längst zersägt bis auf den richtigen alten Stamm, der nach und nach vermorschte. Der Vater hatte immer auf neue Triebe gewartet, und darüber ist er selbst gestorben. Jetzt hat ein Nachbar seine Hochantenne daran befestigt. Sie krallt sich gespenstisch in die Welt.
Es soll Frühling sein nach Ostern, aber es schneit. Die dunklen Äcker sind bepudert, grüngrau die Wiesen und eine schwere graue Decker hängt über allem. Der Mann geht auf das hohe schiefergedeckte Haus zu, dessen Dach in den Himmel ragt. Er ist gut angezogen, kommt von Dresden oder Leipzig, was weiß man, jedenfalls von weither. Die ihn kennen, nennen ihn beim Familien- und Vornamen. »Stübbes Bernd kommt«, sagen sie oder so ähnlich. Sie nicken wie man das macht, wenn man Vergangenem begegnet.
Der Mann trägt etwas in das Haus, dessen Fenster zugezogen sind, und man sieht nicht, wie er dort ankommt und was er bringt. Die Haustür ist offen, er geht sofort hinein, doch dann steht er lange vor der Wohnungstür, was niemand sieht, höchstens vermuten könnte. Er hat einen Schlüssel, aber die Mutter des Mannes hat die Tür von innen zugehangen. Es ist noch früh am Morgen, und sie ist krank.

Der Mann erinnert sich: Früher waren immer alle Türen offen gewesen, nur nachts nicht. Nächte sind ihm aber kaum in Erinnerung. Es war wohl immer

Tag oder immer Morgen gewesen, wenn ihn die Mutter mit scherzhaften Reimen weckte. – »Die Sonne lacht mit ihrer Pracht. Nun aber endlich aufgewacht!« – Dann ging er fort. Aber diese Morgenreime in ihm hielten an, als sei seine Mutter immer dabei gewesen, bei den Soldaten zuerst, zu denen ihn der Bürgermeister geschickt hatte. Zwei Güter im Dorf waren schon abgebrannt und woanders Leute erschlagen worden, obwohl der Krieg schon einige Jahre vorbei gewesen ist; unter Frieden stellten sich die Leute im Dorf etwas anderes vor. Von den Soldaten hatte er Urlaub, kam zum Tanz und spülte mit dem Bürgermeister seinen ersten großen Kummer für eine Nacht weg. Die Mutter führte den schwankenden Sohn nach Hause. – Der Bürgermeister hätte ihn gebraucht, diesen Sohn, es wurde gesagt: »Sogar als Bürgermeister.« Aber die Welt gab ihn nicht mehr zurück. Er passte überall in diese Welt.

Er ist gern gesehen im Dorf, weil er immer wieder kommt, still und freundlich. Man könnte sich denken, dass das von jenem fröhlichen Morgenwecken der Mutter kommt.

Endlich öffnet sie. Sie sieht grau aus im Gesicht, atmet kurz.

»Ich bin,« sagt sie, »nur noch ein halber Mensch.«

Der Sohn sieht und fragt, was zu tun ist, und sie legt sich wieder hin.

»Die Wanduhr tönt nicht in ihrem tiefen, warmen Klang.«, bemerkt der Mann.

»Ich habe sie anghalten, werde immer wach beim Gong, bin so müde« sagt die Mutter. Ein Wecker hastet.

Der Sohn geht von der Stube in die Küche und zurück. Holz ist zu holen und Kohlen müssen her. Die beiden reden kaum miteinander, denn der Mann hat zu tun und muss bald wieder fort.

Fünfzig Kilometer sind nicht viel, wenn man ein Auto hat, aber er hat keins und ist doch in der Welt, wo man auf ihn wartet, denn er hat dort Berufe und Pflichten und Freuden, weil er Träume hinausgetragen hat. Ja, sie leben noch, und wie alles, brauchen auch Träume ihre Zeit.

Ein freundlicher Mensch also. Solche sind vielleicht geplagter, können nichts abschlagen, sind gutmütig dazu. Vielleicht trösten sie sich eher, wenn sie auch freundlich mit sich selbst sind.

Zu so einer Sorte gehört der Mann. Nur bei sehr großen Herzensnöten versagt die Freundlichkeit. Das Dorf kennt seine Nöte nicht.

Da riss mal ein Kommandeur das Foto des Mannes von der Bestentafel, weil er einen Fehler nicht mitgemacht hatte, einen banalen dazu, doch die Offiziere wollten die Einheit der Einheit auch im Fehlverhalten gewahrt sehen. Später warf der Mann eine Ratstür ins Schloss, weil er Zahlen liefern sollte statt Arbeitsergebnisse.

Oder seine erste Frau borgte sich Promille-Krücken, um ihm die Wahrheit zu sagen. Er spie schon vor dem Schlucken, dann schrie er und sie sowieso. Die Nachbarn hielten nichts von ihrer Wahrheit.

Der Mann ist vom Kommandeur längst geschieden, vom Ratsherrn, von der Frau, und diese Freundlichkeit ist schon lange wieder in ihm. – Er möchte eigentlich im Dorf bleiben, aber wie. Er trägt den Gedanken hin und her und her und hin in der elterlichen Wohnung.

Seine Mutter ist mit dem jungen Arzt unzufrieden. Sie atmet kurz. Der Wecker hastet. Der Sohn kocht Suppe. Er denkt: Der Zaun muss repariert werden. Vor dem Fenster düngt ein Nachbar die Wiese seiner Mutter, weil er seine Schafe ins Grundstück treiben will.

»Man verdient ein schönes Stück Geld mit Schafen«, sagt die Mutter.

»Wer bringt dir die Rente mit?« fragt der Sohn.

»Das letzte Mal hatte Frau Richter …, aber die wohnt zu weit weg, und ich weiß nicht, ob …«

Der Sohn überlegt, wen er bitten könnte. Die meisten Leute, die er kennt, sind zu alt, die jüngeren sind fort, nicht so weit wie er, aber fort.

Wie hieß doch gleich die Blonde von Müllers?

Vierzig Jahre ist das her.

»Leg noch mal nach«, bittet seine Mutter. Ihr ist kalt. Er geht zum Ofen.

Auf der Bank an der Straße hatte er mit der Blonden gesessen. Von dort konnten sie auf beide Ortsteile hinuntersehen. Natürlich war Mondschein, und es war warm in jener Nacht. Ihr Haar leuchtete, und ganz nah sah er ihre Augen, ihre Lippen, spürte ihren Atem, lang anhaltend und feucht. Ihm wurde heiß. Inzwischen hat auch sie Enkel. Nie gesehen, sinniert der Mann.

Als seine Tochter aus erster Ehe noch so ein Bällchen war, spielten sie oft hier auf der Wiese vorm Haus, und seine erste Frau musste immer niesen, wenn sie in die Sonne sah. Seine Mutter rief: »Essen!« und im kleinen Fenster der Küche strahlte ihr Gesicht, umrahmt von damals noch glänzendem kastanienbraunen Haar. Und die Sonne, die Sonne war überall.

Etwas länger zurück liegt das Malen von Transparenten auf dem kleinen Hof in der Sonne. – »Nieder mit den Kriegsverbrechern! – Volkswahlen 1954!« Und eine selbsterfundene Karikatur dazu: Die Verbrecher schwingen einen Hammer gegen das DDR-Emblem, aber der droht sie selbst zu erschlagen oder eine geheimnisvolle Kraft lenkt ihn anders. – »Eine geheimnisvolle Kraft«, flüstert der Mann und scheint belustigt. – Zeitlich noch weiter entfernt: das Heuhaufen-Überspringen in der Abenddämmerung mit Grillengezirp oder das Balancieren auf den Stangen und die Kinderfeste; er war der jüngste des Festausschusses, aber der Direktor mit Schlips und Verfügungsgewalt über alles gesammelte Spielzeug, das als Preis vergeben wurde – wie beim Wohlfahrtsamt. Sein Vater hatte es mit der Volkswohlfahrt als moralische Selbstschutzanlage dem Sohn vorgemacht. Keine Belustigung ohne Preis. So hatte sich auch bei ihm nie viel Spielzeug angesammelt. Kinder waren ohnehin über die Jahre reichlich zu Gast im Elternhause, Bombengefährdete aus den Großstädten, Flüchtlinge aus dem Osten. Und die Geschwister? Der Mann winkt ab. Sie sind alle tot, konnten nie mitspielen, hatten Gewehre zu tragen, hatten früh selbst Kinder, fielen den Heldentod am Dnjepr, starben auf Arbeit.

»Das Herz« klagt die Mutter, und der Sohn nickt und spürt seines auch.

»Das neue Leben muss anders werden …!« hatten sie gesungen, als noch fast alles für ein neues Leben zu tun war – alles. Und jeden Tag gab es eine Überraschung: Ein Pfund Zucker wurde ausgegeben. – »Mutti, backe Streuselkuchen, bitte, bitte!« – »Mutti, wir kriegen jetzt jeden Tag ein schwarzes Brötchen in der Schule.«

Sein Vater arbeitete damals noch weit weg. Selten kam er, um etwas im Garten zu tun oder im Haus. Aus der Welt brachte er ein Parteiabzeichen mit, eine Urkunde »Aktivist des Zweijahresplanes«. »Der ehemalige Nazi?« fragten manche Leute im Dorf skeptisch. – Wie vergesslich! Hatten sie ihn doch zu Beginn der braunen Zeit den »Roten« genannt. Noch hatte er zu des Jungen Zeiten den reifenden Wein von der Hofseite des Hauses geschnitten und die Äpfel gepflückt und umgegraben und die Wiese gemäht im Morgendunst, so dass der Sohn vom gleichmäßigen Schnittgeräusch erwacht war, wohl an einem Sonntagmorgen. Unendlich viele Sonntagmorgen müssen es gewesen sein – damals.

Und die Leute von damals überraschten auch sich täglich selbst. Und so uneinig waren sie sich nicht und so schwermütig, wie manche behaupten, und so schwer war auch das neue Leben von damals nicht.

»Das Essen ist fertig«, sagt der Sohn, stützt die Mutter, damit sie sich richtig aufrichten kann und gibt ihr den Teller. Ein Hagelschauer prasselt gegen die Fensterscheiben.

»Eine altersgerechte Wohnung, sagt die Gemeindeschwester. Ob ich das noch schaffe, wenn ich wieder auf den Beinen bin?«

»Sicher, Mutter, sicher.«

Der Sohn ist froh, aber nicht richtig. Wohin wird sie dann ziehen? – In eine fremde Gegend, in eine Einraumwohnung mit Kochnische. – Hier hatte er seine Mutter beobachten können, wie sie in der Tiefe der langen Küche im Dämmerlicht und im Widerschein des Herdfeuers hantiert hatte. Urzeit. Sein Vater hatte den gleichen Blickwinkel, als er in seinen letzten Jahren auf dem Kanapee ermüdet war. Die breiten Fensterbretter in den dicken Feldsteinwänden stellten ideale Ablagen für des Sohnes Stifte, Farben, Bildergeschichten, für seine ganze Papierwelt dar. Papier war stets genug dagewesen, Vater hat in der Papierfabrik gearbeitet, oft brachte er kein besonderes Papier mit, doch auch auf Spinnpapier konnte der Sohn sich seine Welt erschaffen. Am Küchentisch war es stets am hellsten, in der Stube dämmrig, aber am wärmsten. Da standen auch die Bücher mit ihren Geheimnissen hinter Glas, und es spielte sich bei schlechtem Wetter dort gut. Dort prangte auch der Weihnachtsbaum, lauschte der Junge dem Grammophon. – »Hört nur Kinder, wie schön die Weihnachtsglocken klingen!«

Die große Kammer darüber, meist kalt, mit eisig glitzernden Wänden im Winter und mit Sonne zuerst am Morgen, mit Spatzen und Schwalben, die sich im Hof tummelten. Der Wein wuchs am Spalier, obwohl die Beeren immer kleiner wurden.

Später hatte er seine kleine Jugendkammer, einen Holzverschlag, abgeteilt vom Treppenhaus, mit Bett und Schrank und Stuhl und der Urkunde »Für gutes Wissen«, worauf er als Malerlehrling so stolz war. Von dort ging der Blick aus dem Fenster auf die Köpfe der Leute, die im Haus ein- und ausgingen, auf die Wiese, die Straße, den Berg und links und rechts hinab.

»Die Gast Herta ist auch dort«, überlegt seine Mutter laut.

Ach dort?!

Nein, dort war der Sohn noch nicht. – Neubau mit Zentralheizung, Bad, Innenklo. Das hat sie alles nicht hier, denkt der Sohn. Er ist froh, aber nicht richtig. Er lächelt, macht ihr Mut.

»Ich nehme den Bücherschrank, den ausklappbaren Sessel und die Liege mit und die vier Stühle ... Brauche ich alle vier? Und den Tisch?«

»Den schweren Tisch?«

»Na, na hör mal, der ist ausziehbar!«

»Jaja, wir werden dich oft besuchen.«

Wie viel Stunden muss man einplanen, wenn man erst über das Dorf geht – dorthin? Überlegt der Sohn. Zwei Stunden vielleicht oder mehr? Mit den Kindern? – Eine Wandertour. Schöne Gegend. – Was kann ich ihnen noch sagen, dass sie mitkommen?

Ihm würgt es im Halse, bitterer Geschmack im Mund plötzlich. Trotzdem: Es soll ihr besser gehen, sie hat es verdient.

Sie nimmt die Medizin nicht regelmäßig. Er schreibt ihr auf, was sie zu welcher Stunde nehmen muss, und sie verspricht, auf den Zettel zu sehen, und er ist froh, aber nicht richtig und muss wieder fort. Der Bus.

»Beeil dich, Junge!«

Vielleicht sollte ich wirklich eher gehen als nötig, denkt er. Und so schnell wird es doch nichts mit der Wohnung, ein Antrag muss sein, vielleicht muss auch erst jemand gestorben sein dort, damit die Wohnung frei wird.

»Beeil dich, Junge!«

Was soll er tun? Schnell noch den Abwasch. Sie sieht ihm zu. Er kann nicht reden. Manchmal geht es schneller, als man glaubt. Seinen Vater wollte er auch noch so viel fragen.

Dann ist es so weit. Er streicht seiner Mutter wortlos übers Gesicht, das belebt ist von den Schatten der Jahre und mit Sonnenflecken verziert, scheint ihm, und er sieht auch sich ein wenig darin. So lange sie ihr Gesicht aufheben wird zu den anderen, so lange wird der Sohn auch im Dorf sein, das weiß er und er schluckt.

Sie lächelt besorgt.

Das Beste ist, er geht gleich, denn sie erregt sich und fürchtet, dass er den Bus verpassen wird, aber er hat noch genügend Zeit. – Hinter ihm hängt sie von innen die Tür zu. Wenn sie in der Stube ist, hört sie nicht, wer in die Küche tritt, es gibt keinen Korridor zur Wohnung.

Am Stubenfenster wird sie hinter der Gardine stehen und ihm nachsehen, das weiß der Sohn und winkt, obwohl er sie nicht sehen kann; die Nachbarn sehen es. Er geht schneller, hastet beinahe und trägt etwas, das sehen die Leute.

Er wird den schroff zum Fluss abfallenden Bergweg hinabgehen, über die sogenannte Eiserne Brücke und drüben wieder steil hinauf schreiten. Fels und Wald, Stürzen und Steigen – das ist das lebendige Profil seiner Landschaft.

Danach wird das Auf und Ab der grünen und braunen Berg- und Hügelwellen ihn im Bus forttragen wie immer, Welle auf Welle, ein See von Erde, immer weiter fort.

Den Leuten ist der Mann aus den Augen, und es hat ein Schneetreiben begonnen. Doch der Mann ist stehengeblieben im Schutz einer Scheune und schaut zurück. Sein Elternhaus verblasst hinter einem Schneeschauer. Er denkt an seine Mutter, an die Leute hier, an die Nachbarn. – Jetzt geht er wieder, werden sie gesagt haben. Natürlich wird er wiederkommen, vielleicht schon in ein paar Tagen, denn seine Mutter ist krank. Was macht der überhaupt? – Hat mit Büchern zu tun. Aha. Wie alt ist sie? Sechsundsiebzig. – Soso.

Das Schneetreiben nimmt zu. Das weiße Tuch vor dem Haus wird dichter, wird eine Wand. Vielleicht lässt sich die Wohnung vermieten? fragt sich der Sohn.

Antennen empfangen die Meldungen von der Besiedlung des Weltraumes und tragen sie in die Wohnungen.

Der Schnee taut auf dem Gesicht des Mannes. Er steht noch immer und rührt sich nicht. – Vielleicht sieht er einen Film voll Sonne und Blüten und Bienengesumm, und es erscheinen ihm Mutter- und Vaterlächeln, das ihn festhält. Wer weiß?

Und vielleicht hat ihn doch jemand gesehen.

# ZEICHEN AM STRASSENRAND

Schnecken waren am Morgen über die Hieroglyphen gekrochen, und nun glänzten sie wie frisch verliehene Orden. Keiner der Einwohner wollte sich die Blöße geben, sie nicht erklären zu können. Man rätselte still herum, dachte an Telefonerdkabel, an Abwasserrohre und Ähnliches. Manfred Sterzl aus dem Unterdorf wagte, gebeugt über den Zeichen, einen gutmütigen und harmlos klingenden Scherz: »Rot ist **doch** eine schöne Farbe.«
Günter Götzlein aus dem Oberdorf und andere beunruhigte eben diese Aussage, die eine mögliche Definition der Zeichensetzung enthalten könnte. Sie glaubten, sie hätten in ihrem Ort einen eindeutigen Punkt gesetzt; zehn Jahre Deutsche Einheit schien ihnen mehr als ausreichend. Auch äußerlich verwischten die alten Spuren; es gab in einem Ortsteil mehr neue und sanierte Häuser, als alte und zerfallende. Noch nie war die einzige Straße so ordentlich und befahrbar gewesen, wie jetzt.
Nun gab es also diese Zeichen auf dem Asphalt: Die Buchstaben *TB* und verschiedene Zahlen dahinter – in Rot. – Amtlich Auskunft einzuholen, fand man würdelos. Ein gewisser Ortsstolz verbot es ihnen. Niemand hatte die Urheber gesehen oder beachtet. Irgendeine Logik oder Systematik war nicht erkennbar. Im Oberdorf zählte man mehr von den scheinbar nachlässig und eilig hingeworfenen Krakeleien als im Unterdorf.
Unruhe begann sich breitzumachen.

Das Schwervorstellbare provoziert zuweilen Unglaubhaftes wie Vorkommnisse, die zunächst nur in den Köpfen stattfinden.

Günter Götzlein hatte sich die Buchstaben und Zahlen vor seinem Grundstück notiert, soweit sie lesbar waren; manche glichen Sternen. Dann ließ er vorsichtshalber eine Forke Heu auf das Corpus delicti fallen.
Von den Mutmaßungen seiner Frau, die ein Fan gruseliger Fernsehfilme geworden war, hielt er nichts; sie orakelte etwas von Satansmalen.
Am Abend war Götzlein mit der Taschenlampe auf den Boden seines Hauses gestiegen und hatte die sorgsam verpackten Bücherkartons geöffnet. Er suchte und fand: »Kleines Abkürzungsbuch. 6.500 Abkürzungen ...«,

erschienen im VEB Bibliographisches Institut, Leipzig, Printed in the German Demokratic Republik.

*TB* ließ mehrere Erklärungen zu: *Technisches Büro; Tiefbau; Tonband(gerät); Touring-, Touristenbund.* – Götzlein grübelte.

Die dritte Version schied sofort aus, die erste schien unwahrscheinlich. (Man hatte 26 rote Krakel gezählt.) Die zweite blieb unerklärlich, da Straße und diverse Leitungen erst vor wenigen Jahren erneuert worden waren.

*Touring-, Touristenbund?* – Nicht nur das Schild für *Durchgangsverkehr gesperrt* sprach dagegen, der Ort war tatsächlich nicht durchfahrbar und so unbedeutend wie unscheinbar, meinte Götzlein. – Man hatte einmal alles gehabt, was zu einer selbständigen Gemeinde gehörte, aber sich gleich ab 1990 in die Obhut der nahen Stadt begeben, müde der Scherereien und gemeinnützigen Verpflichtungen. Dorf und Stadt trennte nur ein Berg.

Günter Götzlein prüfte auch die Variante mit den Kleinbuchstaben, also *Tb*, doch außer *Tatbestand* fügte sich nichts Sinnvolles zusammen. – Ja, ein Tatbestand war unzweifelhaft gegeben, aber wirkte er sich auf die Leute negativ oder positiv aus oder vielleicht unterschiedlich?

Am nächsten Morgen schritt Götzlein einige der fragwürdigen Stellen ab und sein Verdacht verstärkte sich. Es handelte sich fast ausschließlich um Markierungen vor Einfahrten von Grundstücken, die ursprünglich ungeteilt, unverkauft oder noch nicht durch Grenzverschiebungen verändert waren; auch seine Flur gehörte dazu.

Den ganzen Sonntag über litt er an einem Syndrom, das man mit der Schwäche, sich auf Gegenwärtiges zu konzentrieren, nicht zutreffend genug beschreiben kann; es war eine Art geistig-moralischer Ulkus. – Verschiedene Bücher aus den Kartons quartierte er vorsorglich vom Boden wieder in den Bücherschrank um. Er kannte Leute, die hatten das »Kommunistische Manifest« im Miniformat mit Goldschnitt noch immer neben Meißner Porzellan in der Vitrine. Zu wenig, dacht er, und baute konstruktiv allen Eventualitäten vor.

Als ehemaliger Kassierer hatte der Mann alle Namen der Genossen der ehemaligen Ortsgruppe im Kopf. Eine neue Partei hatte sich nicht gebildet. Er fertigte also eine ideelle Liste, wobei er sortierte. Die ungern gezahlt hatten, ließ er weg, die zu viel Kapital aus ihren Grundstücken geschlagen hatten, ebenfalls und immer, wenn er über das bewusste Stück Straße ging, schlug er den Blick andächtig nieder und setzte die Füße behutsamer.

Er trug diese Unruhe und diese Gedanken mit in den Schlaf und träumte sogar von einer neuen Wende.

Am nächsten Tag kam er mit Manfred Wenzel ins Gespräch, und der begriff sofort, aber gab der Sommerhitze die Schuld an solchen Verdächtigungen. Trotzdem pendelte er danach unruhig zwischen Straße, Haus und Hof, als erwartete er Besuch.

Am Nachmittag zog es seine Frau auf einen Schwatz zur Nachbarin. »Otto find ich gut.« zitierte sie heiter, und Manfred wußte Bescheid.

Als sie verschwunden war, öffnete er die alte Bauerntruhe, die seit Jahrzehnten als bloßes Schmuckstück die Diele ziert. Je nach Jahreszeit wechselte Frau Sterzl die leinenen, bestickten Decken. Nur der Schlüssel war eines Tages vermisst worden, aber es störte keinen in der Familie, denn die Truhe war ja immer leer gewesen. Aber der Hausherr hatte den Schlüssel vor rund zehn Jahren stillschweigend an sich genommen und das gute, alte Stück gefüllt, obenauf mit einigen Ausgaben der Zeitung *Neues Deutschland*. – Damals konnte er noch nicht wissen, dass es sie später noch gibt. – Endlich unter Lenin-Bänden und Parteitagsprotokollen fand er, was er suchte: Den Protokollblock.

Lange hatte man eine Schulung oder Zusammenkunft vermisst. »Playboy« und »Bild« ersetzten sie auf die Dauer nicht, und auch die regionalen Tageszeitungen brachten immer häufiger Sensationsmeldungen, statt richtige Aufklärungen. Aber man musste sich vielleicht nun wieder auf Neues vorbereiten, eingedenk politischer Sternstunden in der ehemaligen Gemeinde, die nur gegen Ende der roten Zeit immer stupider und unsinniger wurden.

Der Wink vom Asphalt zeitigte auch andere Schlüsse.

Margret Ketscher, zugezogene Wirtin eines Gasthauses in der Stadt, das ihr ohnehin zu weit weg lag, hatte auch nachgeschlagen. Seit sie in diesen ruhigen Ort gezogen war, neigte sie zu der Tourismus-Version. Eine *Denkmal- und Landschafts-Kleinodmeile*, von der der Bürgermeister der Stadt einmal gesprochen hatte, erschien ihr trotz der ungünstigen Verkehrslage glaubwürdig und wünschenswert. Wenn man in die Jahre kommt, reicht eine idyllisch gelegene Imbiss-Gastronomie, ein nationaler Wanderweg führte ohnehin durch den Ort, und den *Heiligen Born* müsste man vermarkten, da es sogar eine Sage davon gibt – so dachte Frau Ketscher. Für Schilder erschienen ihr die Symbole auf der Straße zwar etwas zu viel, aber sie war immer optimistisch.

Der Sonntag verging, und der Montag kam, und es blieb ruhig im Dorf. Am Abend sah man mal diesen und mal jenen durch den Ort schlendern. Am ehemaligen Gemeindeamt, dem alten Schulgebäude, verhielt man ein wenig den Schritt. Dort war man einmal zur Schule gegangen, hatte in Einwohner- und anderen Versammlungen gesprochen, hatte sich mit den Genossen einst versammelt.

Dann aber ging man doch forschen Schrittes weiter.

Wo eine Durchgangsstraße den Ort ein wenig tangiert, beginnt man zu trödeln und tut so, als sei die Einkehr in den wieder eröffneten Gasthof ein spontaner, ungeplanter Einfall.

Gegen 20.00 Uhr waren einige der nichtregistrierten, nichtorganisierten, uneingeladenen, tagesordnungsungebundenen ehemaligen Mitglieder einer nicht mehr existenten Partei versammelt. Man stellte – ohne es auszusprechen – Beschlussfähigkeit fest.

Man war unübersehbar zum Bier gekommen. Das hatte man früher leider nicht gehabt. Es schäumte schön.

Sodann erörterte man die Lage in Russland, und, ob es einen Zusammenhang mit den steigenden Benzinpreisen gebe, sprach über die Schneckenplage in diesem Jahr und war damit unwiderruflich auf der Straße mit angrenzenden Grundstücken gelandet, während draußen mit dem Tau schon wieder ein neuer Angriff der Schnecken auf die Gärten eingeleitet wurde.

Die Debatte unterschied sich in Struktur und Entwicklungsgang wenig von dem ehemaligen Parteilehrjahr. – Es wurde um den heißen Brei herum geredet. – Zeitzeichen oder Wendezeit? Das war hier die Frage!

Wer wollte ihnen diese Zusammenkunft verübeln? – Jahrzehntelang waren sie montags vor der Wende im Versammlungsraum des Gemeindeamtes zusammengekommen; dann hatte die Stadt das Haus an einen Ortsfremden verkauft. In dem ganzen Ort gab es keinen Verein, und erst recht keinen Ortschaftsrat. Alle Verantwortung hatte man an die Stadt delegiert. Aber jetzt vermisste man die fehlende Zusammengehörigkeit.

Ein Glück, dass es den Gasthof noch gab!

Auch an jenem bewußten Montag schwelte im Untergrund der Debatte ein brisantes Thema, doch das Bier löste manchen klaren Gedanken auf wie die Zeit alte Gewohnheiten, wenn gewisse Bedingungen sich ändern. Trotzdem blieb ein Phänomen in bedrohlicher Nähe.

Es stellte sich die Frage: Was ging vor und warum?

Vorläufig regierte die Wiedersehensfreude und mit wenigen Einschränkungen die alte Sitzordnung. – Man erinnerte sich.

Es kam vorerst weder zu einem Protokoll, noch zu einem Beschluss, aber man fühlte sich fast auf alles vorbereitet.

Richtig unzufrieden waren an jenem Abend nur die Frauen der Männer, die nicht dabei gewesen waren.

Weitere zwei Wochen vergingen, und es passierte nichts Beunruhigendes im Dorf. Neu war lediglich das wieder aufgelebte montägliche Treffen. Bald kamen auch einige Frauen dazu und ganz neue Leute, wie zum Beispiel Margret Ketscher und ein Doktor, der sich im Ort angesiedelt hatte, um hier seine Ruhe zu finden. Er erzählte seine Lebensgeschichte und wurde halbwegs eingeweiht. Mit seinen gelehrten wiewohl volkstümlichen Überlegungen beeindruckte er die Leute.

»Jeder Mensch durchlebt bekanntlich eine Kindheit – vom Kinderwagen bis zum Personenwagen, aber auch vom Kindergarten bis zum Parteilehrjahr. Wenn – wie in diesem Dorf – vorwiegend unveränderte Örtlichkeiten und Personen nur durch das Altern bestimmt werden, bleiben die nachhaltigen frühen Eindrücke und erfolgdurchwachsenen Erinnerungen, auch wenn sie später noch so belanglos und flüchtig erscheinen, als emotional-motorischer Fundus im Menschen bewahrt. Frühere Gewohnheiten können überraschend dominant werden gegenüber gegenwärtigen. Man trägt sie im Kopf wie transparente Musterblätter, die sich auf alles Neue legen. Verdorbene Stimmungen werden so wieder genießbar, zwiespältige Verhältnisse erträglich«, sagte der Doktor zuversichtlich, und man ging plötzlich wieder mit tapferen Unentschiedenheiten schwanger wie zu den Zeiten der Wende, aber in einer Dosierung, die mit viel mehr Vertrautheiten rechnete.

Dank des Doktors fühlte man, dass die sanfte Revolution durchaus auch in ihrem Dorfe hätte stattfinden können.

Der Doktor entwarf ein völlig neues Bild von ihrem Gemeinwesen, und der von ihm gebrauchte Begriff der Synonym-Gesellschaft fand viel Beifall bei ihnen. Nur, als Götzlein ihm zu verstehen gab, dass man erwogen habe, ihn auf die Liste zu setzten, gewissermaßen als Kandidaten, lehnte er es mit der Begründung ab, dass das eine viel zu schwache Konjugation sei.

Die Transparenz der Folienblicke der Männer war aber zu diesem Zeitpunkt schon getrübt, so dass man besser auf den möglichen zeitigen Winter zu sprechen kam, weil bei der anhaltenden Trockenheit schon viele Blätter von den Bäumen gefallen waren. Auf die Schneefallgefahr verwies man noch nicht, hatte aber schon daran gedacht. Einige der roten Zeichen am Straßenrand wurden stets sorgfältig freigefegt, andere beiläufig zusehends unleserlicher gemacht.

Es verlief alles unabgesprochen, und keiner dachte vorsätzlich das Wort *Klassenkampf*.

Das Lebensgefühl dieser Leute ist schwer zu beschreiben, und es musste auch noch unausgesprochen bleiben, weil es eigentlich anderer Worte bedarf, die aber nicht aus dem alten Vokabular sein konnten, und für die es im neuen Sprachgebrauch keine passenden Bezeichnungen gibt.

Am folgenden Montagmorgen tobte ein früher Herbststurm. Die Männer in ihren rollenden Kisten, freuten sich, dass sie nicht wie früher mit dem Fahhrad auf Arbeit fahren mussten. Aber ihnen begegnete schwere Technik, und Götzlein und Sterzl wussten plötzlich: Die Revolution bricht los. Was sonst?

Als sie am Nachmittag zurückkamen, war das gesamte Unterdorf für den Fahrzeugverkehr gesperrt. Die Vollsperrung für das Oberdorf war angedroht. Ein brandgeruchverwandter Gestank zog mit den Schwaden von der Kläranlage aus dem Nachbardorf durchs Tal.

Schlagartig waren die fraglichen Zeichen enträtselt.

Am Abend fanden sich die meisten Männer und viele Frauen im Gasthof ein.

Ein brisantes Thema wurde – wie immer – nur indirekt berührt.

Es wurde leidenschaftlich erörtert, wer seine Tor- oder Grundstückseinfahrt und wie angelegt wünschte. Sterzl wollte sie unbedingt schräg von links angeschnitten, weil seine Frau so schwer die Kurve kriegte; andere wollten andere staatsbürgerliche Rechte geltend machen.

Weniger heftig wurde diskutiert, woher plötzlich das viele Geld stamme. Jedenfalls widerfuhr diesem Dorf dieser Straßenbausegen zum dritten Male nach 1990, und das Fördergeld musste schnell verbraucht werden; undenkbar zu roten Zeiten.

In der Hitze des Gefechtes dachte man sowieso nur flüchtig an die früheren Mutmaßungen und ideellen Vorbereitungen für eine wendeverdächtige Zeit. Nur dieser und jener erinnerte sich Sterzls Satz, dass Rot **doch** eine schöne Farbe sei.

Sie hatten geglaubt, mit der Wende einen Punkt gesetzt zu haben; es war ein Semikolon geworden, das auch die neue Rechtschreibung gar nicht angetastet hatte.

Götzlein stellte danach an einem Abend im Gasthof fest: »Dank unserer Wachsamkeit hat jeder seine Einfahrt sichern können.«

# DIE TRAGISCHEN ABSTÜRZE EINER BÜROKLAMMER

Die Büroklammer hieß Klammhold, war also männlich und hatte die Wiedervereinigung Deutschlands unbeschadet überstanden. Auch vordem hatte sich Klammhold nie einen Namen gemacht. – Er war perfekt in der funktionalistischen Klammersprache, artikulierte mit seinen Artgenossen immer noch den Slogan »Durch die Klammern, mit den Klammern, für die Klammern!« und wusste, dass es darauf ankam, stets alles zusammenzuhalten, ob es zusammen passte oder nicht, und dabei den gleichen Sitzpunkt zu halten. Der Einheitsgedanke der Klammern erwies sich also als postensolidarisch, so dass es seinerzeit nur zu geringen Veränderungen kam. Es gab metallene und farbige plastummantelte Klammern, und obwohl sich die roten bevorzugt fühlten – auch Klammhold – unterschieden sie sich wenig. Sie fungierten als Stellvertreter klammernder Weise in den Büros. Es war alles vertreten, was dialektisch und summarisch verdrehbar gewesen ist.

Zur Wende freute sich Klammhold über das Ausschalten der Klammeraffen, auch Hunde genannt, denen besondere Sicherheitsaufgaben zugefallen waren. Sie sind quasi nur mit Gewalt, durch Druck und Verbiegen zu lösen gewesen. Die normale Büroklammer dagegen löste sich schnell und leicht gleitend und erwies sich als besonders wendig. Das half Klammhold leider nicht. Es rettete ihn nicht einmal das Zusammenklammern einiger Blätter reformistischer Notizen aus der Lektüre eines Buches von Michael Gorbatschow vor dem Absturz. Auch diese Blätter befanden sich in einem Buch über Perestrojka und Glasnost, als dasselbe aus dem Fenster der Dienststelle in den Container auf dem Hof geworfen wurde.

Erst als bücherfreundliche Leute besagtes Buch im Müllcontainer fanden und mitnahmen, wurde Klammhold gerettet. Er durfte die Blätter leider nicht lange halten, denn er begleitete einen Mann in eine der neuen Kfz-Zulassungsstellen, in der dieser nun zu arbeiten hatte.

Doch Klammhold war glücklich. Auch dort bekam er eine besonders ehrenvolle Aufgabe. Zwar wurde er in eine Klemmmappe eingezwängt, durfte aber darin die Technikmusterblätter einiger besonders selten gewordener Fahrzeuge zusammenhalten: Shiguli, Wartburg 311, ARO und andere. (Sie existierten damals in bundesdeutschen Verzeichnissen und Computerdateien

noch nicht.) – Sein zweiter Absturz drohte Klammhold trotz der Liebe zu einer schwarzen Reißzwecke, die sich versehentlich in die Klemmmappe eingedrückt hatte. Mappen, Ordner, Dienstanweisungen, Verkehrsverordnungen und andere wichtige, geklammerte Papiere warf man eines Tages auf den Fußboden. Der Verwaltungskreis und die Kfz-Zulassungsstelle wurden im Zuge der Kreisgebietsreform aufgelöst. Die sorgfältig gehüteten Blätter sind grob entklammert worden, die Klammern wurden in einer Schachtel eingekerkert, das Papier fraß ein Aktenvernichter. Dieser neumodische Henkersknecht arbeitete unmittelbar neben Klammholds Kerker, und er musste das Geknatter der Büro-Guillotine den ganzen Tag lang anhören. Mit vielen seiner Leidensgenossen schmachtete er arbeits- und wehrlos; sein einziger Trost: Das leidenschaftliche Anklammern an die schwarze Reißzwecke. – Doch eines fürchterlichen Tages wurden alle ausnahmslos in einen Müllcontainer geschüttet – gleich ob rostbraun oder bunt. Die ewige Klammernacht verbringen sie nun frei, gleich und brüderlich. Was nützte nun dem Klammhold seine schöne rote Farbe?
Und die Moral von der Geschicht: Sich anklammern alleine reicht eben nicht.

# ARBEITSESSEN

Ein langweiliger Sommerhimmel, ein langweiliger Arbeitsmorgen, ein langweiliger Anruf: »Ich lade Sie zu einem Arbeitsessen ein.«
Gunter muss gähnen, hält rasch die Hand auf die Sprechmuschel, bevor er's tut und sagt dann dienstbeflissen, aber ungern: »Ja, gern.« – Er will doch am gleichen Abend zum Volleyball; seine Mannschaft muss trainieren, um die Klasse zu halten. Und nun so was. Er lauscht der Stimme nach. Sicher: Sie ist sexy, aber verheiratet, und er ist verlobt. – Arbeitsessen? Was soll das überhaupt? Ich bin kein Unternehmer, denkt er, der Autoverkäufer. Doch er ist Überraschungen gewohnt von seinem Chef. Wer weiß, was dahinter steckt?!
Auch die Einladende, Gelia, weiß noch nicht so recht, was es soll, aber sie vertraut ihrem Glück.
Ihre Mutter hat sie der Kinder wegen in ihre Wohnung gebeten, denn sie weiß nicht, wann sie vom Außendienst zurück sein wird; sie verkauft Fliesen per Opel-Omega, wo selbstverständlich nur Muster drin sind, aber auch die ziemlich schwer, aufgeklebt auf metergroße Platten. »Wo will die Platte mit dem Mädel hin?« fragt man sich unwillkürlich, wenn man sie sieht. 50 Kilo, 1,65 m groß. Mutter zweier Kinder. Selbst mit kindlichem Gesicht.

Gunter muss zum Chef.

Gelia muss tanken bevor sie auf die Autobahn fährt.

Die Mutter freut sich auf den Nachmittag mit den Kindern und überhaupt. – »Was das Mädel so schafft?!« sagt sie halblaut vor der Tür des Neubaublockes, wo Gelias Familie wohnt.

Am Nachmittag findet sich auch Gelias ältere Schwester in Gelias Wohnung ein und dann auch noch Gelias Vater, der eher Feierabend hat.
Dann kommt ein Anruf nach dem anderen, aber keiner von Gelia. Endlich ruft sie über ihr Funktelefon: »Bin noch in Hoyerswerda. Deckt schon den Kaffeetisch!« – Der war schon gedeckt.

Man trinkt Kaffee ohne Gelia. Alle haben Verständnis für sie. Der Vater meint anerkennend: »Nee, die Kleene: verkooft se idaljenische Fliesen, fährt so een großes Auto! Wer hätte das vor der Wende gedacht?? Un so eene kleene Verkäuferin war se.«

Es vergeht wieder eine Stunde.
Gelia. Endlich, wenn auch nur am Telefon: Ich bin noch in Hoyerswerda. Wenn ein junger Mann kommt, sagt ihm, er solle bitte warten. – Kopfschütteln.

Eine Stunde später. Es klingelt. Keiner ist vor der Tür im 6. Stock. Unten vor dem großen Haus steht ein junger Mann und fragt nach Gelia: Gunter. – Er will im Auto warten.

Fünfundvierzig Minuten danach ruft Gelia an: Ist der junge Mann gekommen? – Ja. – Holt ihn in die Wohnung, ich bin nur noch ganz kurz in Ortrand bei einem Kunden.

Der Abend beginnt. Gunter sitzt artig in der Stube und plaudert mit Gelias Vater. Die Frauen bereiten das Abendessen vor. Die Kinder flirten auf ihre Art mit Gunter.

Gunter denkt: Jetzt käme ich zum Training noch zurecht. – Wo ist eigentlich ihr Mann?

Ihr Vater sagt, dass der zur Zeit im Westen arbeite.
Gunter fühlt sich eigenartig erleichtert, nur mehrere Blumensträuße im Raum beunruhigen ihn. Man redet viel von Gelia. Sympathische Aussagen. – 19.00 Uhr. Er denkt: Ich haue ab, wenn sie nicht ...
Da ruft sie: »Ich fahre jetzt von der Autobahn runter, bin gleich da! Ich muss aber gleich wieder weg.« Das sagt sie zur Schwester und: Der junge Mann solle bitte warten.
Die Mutter und die Schwester bereiten Gelia das Bad und bereiten anderes vor.

Gunter wird es sehr ungemütlich, weil er immer noch nicht weiß, was Gelia eigentlich von ihm will. Und die Anwesenden scheinen es auch nicht zu wissen.

Dann kommt sie strahlend. — Flüchtige Begrüßung der Verwandten. Glück-
wünsche. – Sie hat Geburtstag, und Gunter ist es sehr peinlich. Er ist derart
verwirrt, dass er sie – wie entschuldigend – kurz streichelt. Gelia und Gunter verfärben sich beide ein wenig im Gesicht; sie verschwindet eilends ins
Bad. Er wird von den Kindern aufgefordert, sie ins Bett zu bringen und
glüht nun wie ein Bremslicht neben der Schwester. Danach kommt Gelia
ausgehfertig und bittet Gunter zum Arbeitsessen ins »El Toro«. »Nur weg!«
denkt er. »Ich muss erst mal mit! Sie hat doch Geburtstag!« Und selbst sein
Nacken leuchtet wie ein Rücklicht.
»Wir lassen selbstverständlich die Wagen stehen«, sagt sie im Hinausgehen.
Unterwegs plaudern sie von Dienstreisen, Staus und Autos. – Er ist doch
ihr Partner in dem Autohaus und sie Stammkunde dort. – Auch in der
Gaststätte, wo sie einen Tisch in einer Nische bestellt hat, trägt das
Gespräch zunächst Fachsimpel-Charakter.

Und Gunter findet es durchaus angenehm mit ihr, sogar angenehmer, als
mit seiner Verlobten, gesteht er sich. Mit der hat er schon lange nicht mehr
geschlafen; er kennt ihre Reden: »Gunter, wir müssen morgen ausgeruht
sein. Du weißt …!« Ja, er weiß: Er baut ein Haus aus, für sie, scheint ihm,
vor allem für sie.
In Gelias Ehe ist's ähnlich, erfährt er.
Das Steak schmeckt, der Wein auch, und als sich Gunter gerade fragt: Was
soll denn nun der Sinn dieses Arbeitsessens sein? Als er gerade noch argwöhnte, dass durch so eine Person vielleicht eine kritische Botschaft seines
Chefs an ihn, verträglich verpackt, abgesandt worden sein könnte, nimmt sie
seine Hand und sagt: »Ich will dich!«

Sie haben sich ein Jahr danach immer noch und noch, und eine ganz neue,
gemeinsame Wohnung haben sie auch und neue Pläne – für gemeinsame
Arbeitsessen sowieso.

# KRIS, DER WERDENDE GROSSVATER

Natürlich musste Kris geboren werden, doch schon zwei Jahre danach, als er seinen leiblichen Vater immer noch nicht kannte und der Großvater, bei dem er mit seiner Mutter lebte, plötzlich gestorben war, stand es für ihn fest, so schnell wie möglich, Großvater zu werden, seiner Mutter zuliebe; sie war sehr traurig gewesen, als sein Opi nicht mehr lebte. Kris hatte sie danach oft weinen sehen.

Und trotzdem heiratete sie eines Tages einen ihm völlig fremden Mann, der seinem Großvater nicht einmal ähnelte und ständig so tat, als müsse er leider Kris' Vater sein.

Zwei Jahre später gebar Kris' Mutter wieder einen Sohn und wieder zwei Jahre danach eine Tochter, beide vom *Leider-Vater*. Von da an war auch sie für Kris nur eine *Leider-Mutter*, und dieser Umstand beschleunigte Kris' Lebenswunsch, um ihr mehr als die Meinung sagen zu können.

Noch keine drei Jahre alt, hatte Kris einmal erlebt, wie der Großvater seine Mutter und ihn selbst nach Hause getragen hatte. Die Mutter konnte nicht gehen, weil sie sich den Fuß vertreten hatte, als sie Kris aus dem Gasthofteich ziehen musste. Kris war hineingefallen, als er dort gespielt hatte und die Mutter im Konsumladen gewesen ist. Nass sind sie dann alle drei gewesen, und Kris vergaß jenes Gefühl nicht – so warm und weich an Mutters Brust und vom Opa getragen gleichsam durch das Dorf zu schweben. Und die Leute hatten gelacht und auch der Großvater und seine Mutter ebenfalls, die erst nicht getragen werden wollte; bei ihr war es ein weinerliches Lachen. Das sie beide für den Großvater eine schwer Last gewesen sein mussten, wurde Kris erst viel später bewusst.

Auch nicht annähernd Ähnliches hatte Kris mit dem *Leider-Vater* erlebt. Der schimpfte sofort, wenn etwas nicht nach seinem Willen ging, und er schlug nach Kris, wenn dem etwas misslungen war. Auch seine Mutter richtete sich nach dem *Leider-Vater*, der oft schrie, und die Mutter sagte vorwurfsvoll zu Kris: »Warum kannst du aber auch nicht hören!«

Kris konnte hören, aber er hörte aus allen Worten und Gesten seiner *Leider-Eltern* nur: »Du bist uns im Wege!« Und Kris wollte doch meistens helfen. – Sie verstanden ihn nicht.

Sein Benehmen wurde zunehmend mit Ignoranz der Kris'schen Existenz beantwortet, eine Lehre der sozialistischen Menschengemeinschaft der ostdeutschen Republik.

Kris musste in den Folgejahren alle seine Sachen selbst machen, von den schulischen Hausaufgaben bis zu den häuslichen Pflichten – die sowieso. Als Lehrling hatte er sich auch um seine Lebensmittel zu kümmern, nur das Wohnen gestattete man ihm großzügig.

Zu den Geburtstagsfeiern seiner Halbgeschwister wurde er in den ersten Schuljahren noch geduldet, später nicht eingeladen und, nachdem er einmal einen solchen Tag vergessen hatte, weggejagt. Er saß auch mal die halbe Nacht in der alten Weide am Dorfteich bis ihn ein Nachbar herunterholte. Sein eigener Geburtstag wurde von seinem zehnten an nicht mehr gefeiert. Um so intensiver sehnte sich Kris nach dem Großwerden.

Mit sechzehn Jahren unterstrich er die Ernsthaftigkeit seines Verlangens und wurde zum Vater einer Tochter. Da entzog ihm seine Mutter die geschwängerte Freundin und später auch das Baby mittels elterlichen Verbotes, was von der jungen Mutter mit Kind akzeptiert wurde, aber nicht von Kris. – Er bemühte sich hartnäckig um so etwas wie normale Verhältnisse, war gern Lehrling und FDJler, wollte aber auch Mann und frei sein.

Manchmal lernte er bis in die späte Nacht hinein, trottete mit, wenn die FDJ, der Jugendverband, etwas veranstaltete, weil er hoffte, die Mutter seines Kindes zu treffen.

Etwas von Freiheit glaubte er aber nur zu spüren, wenn er in einer der Dorfschänken war; man ließ ihn danach in Ruhe. Alles schien ihm leichter zu gelingen. Als ihm aber eines Abends nach dem Verlassen der Gaststätte der Unfall mit dem Moped passierte, offenbarte sich seine Täuschung. Danach wollte er schnell alles hinter sich bringen. Doch, ob nun die Pulsader am Handgelenk oder die kurze Jenseits-Audienz bei seinem Großvater seinen Widerstand bewirkten, ist ungewiss.

Er blieb jedoch seiner Überzeugung treu, und als aus dem Jugendklub ein Country-Club wurde, beförderte diese Neuerung sein Streben. Mit Cowboy-Bewusstsein und dem Erlernen eines zweiten Berufes zwecks raschen späteren Reichtums, treibt er jetzt die Vergangenheit vor sich her, die seine Zukunft werden soll, um sich also auf seine Großvaterschaft vorzubereiten. – Den ersten Beruf hatte er so gelernt wie es ihm alle geraten hatten. Den zweiten lernte er seinem Großvater zuliebe, der war nämlich Zimmermann gewesen, und manchen Dachstuhl im Dorf hatte er errichtet. Glückliche Familien lebten unter diesen Dächern, meinte Kris.

Wenn er heute in den Country-Club geht, wo er natürlich niemals tanzt, weil er so etwas nie gelernt hat, dann bewegt er sich schon wie ein Großvater. Nur manchmal, nach einem Whisky, möchte er laut »Jipijeeeh!« rufen, aber er beherrscht sich rechtzeitig, denn er weiß: sein Großvater hat auch nie geschrieen.

# EIN HEINE IN DEUTSCHLAND

Im November '89 war's, da reiste Heine von Rochlitz nach Stuttgart hinüber zu seiner Cousine; er wollte das jahrelang ersehnte Miteinander versuchen.

Sie saßen, tranken, aßen und rauchten und redeten natürlich zusammen. Und sie gingen auch ins Museum. Dabei kamen sie darauf, dass sich Karlheinz Heine neuer Tugenden befleißigen müsse. Er hing ja schon schwärmerisch an ihren Lippen, an ihrem Blend-a-med-Mund, dem lächelnden, der ihn bekehrte, und Heine nickte so wie er höchstens vor dem Fernsehgerät genickt hatte, was den Dialog mit dem Zuschauer nicht zu führen verstand. Ein Museum war ihm nichts Unbekanntes; er hatte ein Patenschaftsverhältnis zu ihm gehabt in seinem Ort, genauer: die Brigade, der er vor Jahren angehört hatte.

Sie besuchten die Burg Hohenzollern. Von dort, erfuhr Heine, kamen die Preußenkönige und die deutschen Kaiser der Neuzeit, aus Schwaben nämlich, nicht aus dem Osten. Das immerwährende Lächeln hatte Heine von seiner Cousine schon gelernt. Sie hieß Eleonore, Karlheinz nannte sie einfach Eli, was sie ungern, aber lächelnd quittierte mit »Ja, Karli.«

Der Sachse wurde nun gleichsam den Herrscherdynastien zugeführt. Sie wucherten in einem ganzen Raum an den Wänden als Stammbäume, die Heine zunächst wie ein Würfelspiel empfand. Kein Wunder, dachte er, dass sich die Figuren so vertikal nicht halten konnten. Die Herrschernamen waren immer in einem Kreis zu lesen, mit grünen Zweigen verbunden und verästelt. Verwirrend mal auf, mal nieder führend, stemmten und bäumten sie sich gegen ihr Schicksal oder zitterten davor und beugten sich ihm. Mensch, ärgere dich nicht, dachte Heine noch schnell, bevor er sich einem besonderen Einprägeverfahren auszusetzen hatte: der Führer erhob den rechten Arm, und seine Hand umfasste den Griff einer Art Reibebrett wie es Maurer verwenden, aber die Reibefläche dieses Werkzeuges zeigte das Konterfei je eines Hohenzollern – sehr jung, jung, alt und älter, meistens männlich, manchmal weiblich, und der Führer drückte es jeweils lautstark kommentierend dem gekommenen Volk in die ehrfürchtigen Gesichter. Also zu Heines Nase waren einmal nur fünf Zentimeter Abstand. Heine glaubte zu erkennen, dass einer der Friedrich Wilhelms Zahnschmerzen gehabt haben musste und ein Sprössling stand da als hätte er die Hosen voll gehabt.

Seine historisch sehr beschlagene Cousine hatte schon an der Kasse gefragt: »Sagen Sie bitte, war Wilhelm der Beknackte (Heine hatte es so verstanden.) zum Zeitpunkt des Schlossbrandes erst mit seiner ersten oder schon mit seiner zweiten Frau verheiratet gewesen? Und wusste sie von seinem Prostataleiden?«

Da wurde Heine klar, was man in sächsischen Schlössern und Burgen zu tun hat, nämlich sich das Bett zeigen zu lassen, worin August der Starke horizontalem Vergnügen nachgegangen war, zum Wohle des Herrscherhauses natürlich und zum Wohle sächsischer Museen heute, versteht sich. Wenn Heine etwas zu sagen hätte, würde er überall solche Betten aufstellen lassen, auch wenn der kurfürstlich-königliche Liebhaber nie dort gewesen ist. Vor allem altbundesländliche Damen werden es zu schätzen und zu danken wissen. Heine lernte noch mehr und hat auch folgenden Tipp für die ostdeutschen Museen: Wenn eine Führung beendet ist, stellt sich die Führungsperson an eine möglichst schmale Tür und bedankt sich für die Trinkgelder, die man während des Rundganges bereits erhalten hat, selbst wenn es nicht der Fall sein sollte; die meisten der dann leicht beschämten Besucher zücken dann unter dem wachen marktwirtschaftlichen, souveräne Liberalität ausstrahlenden Blick des Museumsangestellten ihre Geldbörsen.

Selbst ein vergleichsweise ärmliches Unternehmen – wie es so ein Museum darstellt – braucht also nicht auf kreativen, dynamischen Unternehmergeist und auf profitorientiertes Management zu verzichten.

Heine begriff überhaupt, dass Glück jetzt einfacher zu haben ist als früher. Er hatte schon von glücklichen Hühnern und glücklichen Kühen gehört, und in einer idyllischen schwäbischen Ortschaft versprach der Werbetext neben einem Firmenschild »Parkett macht glücklich«. – In der Burg Hohenzollern stand er auf so einem Grund und fühlte sich doch nicht wohl. Er ersetzte später das Wort *Parkett* durch allerlei andere Worte wie *Kochtopf, Auto, Ölheizung* und so weiter, und siehe da: Keines der Wörter wehrte sich, und seine Cousine bemerkte befriedigt sein innerliches Strahlen. Es dauerte an und wurde nur abgeschwächt von einer Tugendlehre, die Heine am Ende der Reise erfuhr.

Als seine Eli einmal nach ihm eine fremde Toilette benutzte, und Heine sie fragte, nachdem er sich die Hände gewaschen hatte, »Soll ich das Wasser für dich laufen lassen?« antwortete sie sehr entrüstet, angeekelt und dem Cousin hoch überlegen, nachdem sie alles Lächeln fallen gelassen hatte: »Ich fasse hier gar nichts an!«

So hohe Hygienenormen waren für den ostdeutschen Heine neu, und sein glückliches, jungbundesdeutsches Gesicht bemächtigte sich seitdem wieder jener grüblerischen, angestrengten Miene, wie er sie früher zuweilen im sozialistischen Wettbewerb gezeigt hatte.

Wieder zu Hause, musste er erfahren, dass er arbeitslos geworden war, sein Betrieb sollte nun ins Museum kommen. Der Kontakt zu seiner Cousine verlor sich im Nebel des Novembers; der neunte begann schon in den Erinnerungen der Leute zu verblassen.
Karlheinz Heine hatte aber im neuen Bundesdeutschland gelernt und unternahm selbst einiges. Es wird erzählt, dass er nachts das Überfliegen von Toiletten und das gezielte Abwerfen von Exkrementen übe, um im Zirkus auftreten zu können oder wenigstens ins Guynesbuch der Rekorde zu kommen. Es ist das Einfache, was schwer zu machen ist.

Vorsicht! Wenn der Wind von den Bäumen das Laub reißt, fliegt vielleicht ein Heine im Nebel über Deutschland.

# FRAGLICHE GRENZFÄLLE

Wenn dein Nachbar, der sonst immer so gerade und aufrecht herumläuft, dass du den Eindruck hast, der ist nicht imstande, sich zu bücken, wenn der also eines Morgens schier eine Ewigkeit in den Mülltonnen herumwühlt und schließlich gar nicht wieder hochkommt, ist das schon alarmierend.

Ich gehe also runter, nehme den halbvollen Aschekasten als Alibi mit und überlege krampfhaft, mit welchem Scherz ich meine besorgte Neugier bemänteln könnte, falls nichts Schlimmes ist. Doch ich werde ein Bild nicht los: Er liegt tot dort. Herzschlag. Aus. Er ist auch schon über fünfzig. Ich renne fast aus der Haustür. Dann sehe ich sein schmerzverzerrtes Gesicht, bin erleichtert, er lebt. Halb hockt er, halb liegt er zwischen zwei Mülltonnen, obwohl in der ihm am erträglichsten Stellung, und er wagt seinerseits einen Scherz: »Ich bin an mein Kreuz geschlagen«. Dabei deutet er nach seinem Rücken. Es ist kurios, ich muss lächeln.
Wir hatten kein sehr enges Verhältnis, einfach nur ein gutnachbarliches, verstehen Sie.
Beim Versuch, ihn aufzuheben, verging uns das Scherzen. Wir quälten uns beide, und ich musste an Micha denken, den Sohn seiner Frau – Gottes Strafe ... könnte man denken, aber das wäre ungerecht.

Der Micha hat vor zehn Jahren genau so im Dreck gelegen. Aber da ist kein hilfreicher Nachbar gekommen, da waren nur Stacheldraht, Wachtürme, Maschinenpistole im Anschlag. Niemandsland. Was eigentlich Jemandsland gewesen ist, auch das meines Nachbarn. Als der damals Achtzehnjährige die deutsche Luft gewechselt hatte, bezeichnete Merker, mein Nachbar, diesen Jungen allen Ernstes als Verräter.
Man muss Merker zugute halten, dass er für Micha nicht verantwortlich war und sich ihm gegenüber immer freundlich verhalten hat. Micha war dem ersten Mann von Merkers zweiter Frau vom Gericht zugesprochen worden, und der hatte ihn beizeiten der Nestwärme entwöhnt, Lehrstelle besorgt, eigene Wohnung organisiert und american way of life als Paradies auf Erden empfohlen, zu dem der kürzeste Weg durch die BRD führte. Warum es der Mer-

ker damals nicht verstanden hat, ist heute erklärbar: Ein Fall von ideologischem Nebel, worin sich alles im Klassenkrampf auflöste.

Als ich Merker endlich hochgestemmt hatte, und wir beide krumm und dreckig zwischen den Mülltonnen standen, glaubte ich sogar, den Geruch des verrotteten Waldbodens in der Nase zu haben. Micha nämlich war ungefähr zur gleichen Zeit über die Grenze gekrochen, im Dezember, vor Weihnachten. Bis zur Stillen Nacht, Heiligen Nacht war wohl noch eine Weile hin, aber etwas wie Sehnsucht nach Wiedergeburt muss in dem Jungen so stark gewesen sein, dass er den Dreck am Mund nicht scheute und nicht das kalte freie Feld. Vor dem Lichtschein vergrub er das Gesicht in dem fauligen Laub und vor den Ohren der Postenstreifen legte er die Brust mit dem hämmernden Herzen in jede noch so kleine Erdmulde. Nur wenige Meter hatten ihn getrennt von der Grenze, und die Nacht war pechschwarz.

Als ich Merker stützend zu seinem Haus führte, war es schon Tag, und zum ersten Male fragte ich mich, was er denn im Müll gesucht haben mochte. Aber ich fragte ihn nicht, ich wischte eine Aschespur aus seinem Gesicht. Er lächelte ein Danke; da hatten wir noch zwanzig Meter bis zur Haustür, ebensoviel wie Micha vor zehn Jahren, als er zum zweiten Mal die Grenze vor sich hatte, und als wieder eine Streife kam, von der er zunächst glaubte, es sei der Bundesgrenzschutz. Noch nie in seinem Schüler- und Lehrlingsleben hatte er eine so schwierige Aufgabe zu lösen gehabt: Das nächtliche Überqueren einer Grenze, die nicht geradlinig verläuft. Und während Merker mit seinem Hexenschuss als gewöhnlicher Mensch bezeichnet werden muss, war für mich Micha damals ein ungewöhnlicher. Seine Lehrer erhielten als Prüfungsarbeit gelegentlich ein weißes Blatt, wenn ihm ein Thema nicht passte, oder eine halbe Doktorarbeit, die man nur mit »Ausgezeichnet« zu bewerten vermochte. Michas Grenzübergang war auch genial angelegt gewesen und ohne fremde Hilfe. Allen Leuten, die später davon erfuhren, nötigte er Hochachtung ab. Zuerst hat Micha nämlich die Grenze überflogen. – Oh, was hätte Merkers Nachbar darum gegeben, wenn er den schweren leidenden Mann hätte auf dessen Wohnzimmercouch fliegen können! Aber wir haben es weder in dem einen noch in dem anderen Falle mit einem Märchen zu tun. Dem jungen Helden standen damals weder Wärme noch Schnelligkeit zur Verfügung. Als er gemerkt hatte, dass er wieder auf DDR-Gebiet gekrochen war, hatte er alles abgelegt, was ihn an Geschwindigkeit und Lautlosigkeit hätte hindern können: Mantel, Jacke, Schuhe, Mütze und so weiter, ganz zu schweigen von dem Flugapparat, zu dem aus seinem Lehrbetrieb »organisierte« Gasflaschen herhalten mussten. – Schon hatte man die Meldung von der rätselhaften Spur nach Berlin weitergegeben, einer Spur, die einfach in einem thüringischen Waldstück aufhörte, da war Micha immer noch nicht über die Grenze, denn er hatte sie, weil sie dort im Zickzack verlief, zweimal überquert.

Durch die Haustür hatte ich Merker gut gebracht, aber vor der Treppe muss er eine ungelenke Bewegung gemacht haben, jedenfalls sackte er plötzlich mit einem lauten Schmerzensschrei zusammen.

Micha durfte nicht schreien, als er seinen Irrtum erkannt hatte, aber seine Verzweiflung machte ihn wahnwitzig: Er ging nun aufrecht, wenn auch sehr, sehr langsam weiter und vorsichtig durch die Nacht dieses zweifachen Deutschlands, hungrig, frierend, aber aufrecht. Einmal stolperte er und fiel und blieb vielleicht zwanzig Minuten lauschend und zitternd liegen.

Auch Merker muss ähnliches gedacht haben, als er sich an meinem Arm und am Geländer hochzog. Das Entfernen der Patrouille und das Erklimmen der Stufen ist wohl das einzige Vergleichbare zwischen den beiden Ereignissen, dachte ich.

Als Micha in den frühen Morgenstunden auf einen fränkischen Bauernhof taumelte, hat Merker sicher geschlafen, während es heute eher umgekehrt war. Micha, inzwischen Kneipenbesitzer im Westen, hatte bis 11.00 Uhr vormittags einen Telefonbeantworter in Betrieb.
An der Wohnungstür von Merkers kam mir in den Sinn zu fragen, warum der Herr Nachbar so intensiv im Müll gekramt habe.
»Mein Schlüsselbund ist weg, und weil ich gestern Abend Müll weggebracht habe, dachte ich ...« Ich nickte verständnisvoll, öffnete die angelehnte Tür, und wir schlurften in die Wohnung. Merker sah schlecht aus. Ich dachte: Er kann jetzt immer noch Herzschlag kriegen, und das hat er nicht verdient. Wenn so ein Mann, der eine zweite Familie hat, keine Eltern mehr und damit keinen Kindheitsort, dem noch immer etwas von früher fehlt, die Partei weniger, aber gewisse Orientierungen, wenn Sie wissen, was ich meine, wenn der also den Schlüssel noch verlieret, kann das das Letzte sein. So ein kleiner, armer Angestellter ist auf solche Sicherungen angewiesen wie der Gläubige auf seinen Gott, denke ich.

Während Micha damals ziemlich schnell sein Selbstwertgefühl wiedergewann, schon im Auffanglager und auch in der saure-Miene-machenden Verwandtschaft im Westen, hatte Merker lange zu tun, um wieder unbesorgt aufrecht gehen zu können. Kurioserweise war nach der Wende Micha der häufigste Westbesucher in Merkers Haus geworden, weil er mit seinem jüngeren Bruder, also Merkers neuem Sohn, ein Geschäft aufzog – Getränke und so etwas. Außerdem lockte er andere junge Leute an, die Uhren und Schmuck verkauften. Sie kamen meist abends nach Geschäftsschluss und fuhren früh wieder, die schnittigen Wagen in Merkers Hof parkend, sich selbst auf der Liege in Merkers Arbeitszimmer.

Seinem Nachbar sagte Merker, nachdem er ihn so gut als möglich auf die Couch gebettet hatte: »Ich habe den Verdacht, dass die jungen Leute meinen Schlüssel geklaut haben.« Und dann begann ich das unendlich tiefe Leid Merkers zu ahnen, als er stockend erzählte: »Seit meine Mutter mir nach fünfundvierzig den Wohnungsschlüssel anvertraut hatte, wenn sie auf die Neubauernfelder helfen gegangen ist, und ich in die Schule musste, habe ich nie meinen Schlüssel verloren. – Mir ist, als sei ich obdachlos. – Verstehen Sie das?«

Ich gab vor, es zu verstehen, doch eigentlich verstehe ich es jetzt, da ich es erzähle, erst richtig.

# DER VORRAUM

Es war einmal vor nicht so langer Zeit, da kamen zu den verstreuten Siedlungshäusern am Walde ein paar Fremde. Herr *Wolf* war dabei und die alte Dame, die sie besuchten, wurde in ihren jungen Jahren *Rotkäppchen* genannt, aber heute passt nicht einmal, wenn man sie Großmutter nennen würde. Die Besucher waren ordentlich angemeldet, und die Bienen summten mit Frau Kapplers Kaffeewasser um die Wette. Alles versprach, ein traulicher Nachmittag zu werden. Die Besucher hatten in ihrem alten *Wolga* auch einen Präsentkorb mitgebracht.

»Ein ganzes Rudel Funktionäre?« wunderte sich die alte Frau. So viele auf einmal waren in den letzten dreißig Jahren nicht in ihrem hölzernen Gartenhäuschen gewesen, seit sie für die Gemeinde Bücher verlieh und zurücknahm. Eigentlich war es gar kein richtiges Haus – mit Dach keine drei Meter hoch, bildeten mehrere verschachtelte Räume den Hauptbau, davor Schuppen, Schauer und Hütten, jeder Raum nicht größer als einer jener Räume, die sie bewohnte. Darin hatte sich Frau Kappler eingelebt. Im Krieg war das ein sicherer Ort gewesen, und danach brauchte man den Garten für die Ernährung dringender als ein komfortables Haus. Dann starb der Mann, und sie überließ dem Sohn das Einfamilienhaus, ein wenig auch, weil sie solch einen gediegenen Vorraum im festen Wohnhaus nicht hatte. Diesen Vorraum der Laube, mit separatem Eingang, zeigte sie beiläufig, doch nicht ohne Stolz, den Besuchern, denn er war DIE BIBLIOTHEK, und derentwegen besuchten die Leute die alte Dame. Amtlich hieß es: Ausleihstelle der Gemeindebibliothek. So eine Einrichtung kann viele Funktionen haben, bei Frau Kappler zum Beispiel die der Gesunderhaltung. Wenn sich nämlich die 83jährige nicht wohlfühlt, muss sie nur intensiv daran denken, dass am nächsten oder übernächsten Tag die Leser der Ausleihstelle zur festgesetzten Zeit kommen werden und schon ist jede Krankheit wenigstens zur Hälfte weg. Das hat sie selbst gesagt!

Frau Kappler braucht ja nur ein paar kleine Schritte zu ihrer Bibliothek, acht aus der Küche, aus der kleinen Stube elf, aus der etwas größeren fünfzehn und aus der winzigen Schlafkammer gar nur sieben. – »Frau Kappler, warum haben sie so große Augen?« fragen dann die Kinder. Und sie antwortet: »Weil ich euch eine Freude machen kann.«

Die Erwachsenen stellen fest: »Frau Kappler, Sie sprechen mehr als ihre Bücher.« – Und die kleine verhutzelte, magere Frau lacht burschikos und selbstbewusst, so dass man denken könnte, sie will die Zeit vergessen machen, die sie von den jüngeren Leuten trennt.

Dieser Vorraum nun soll geräumt werden, was die Bücher betrifft: links das große Regal, von Frau Kappler ERWACHSENENBIBLIOTHEK genannt, rechts ein halbhoher Schrank, auf dessen vorgezogenem Unterteil uralte Formulare liegen, bezeichnet sie als KINDERBIBLIOTHEK: Mal sind es 100, mal 30 bis 50 Bücher, die gelegentlich nach dem Austauschprinzip erneuert wurden. Der Sohn fuhr sie dann im PKW mit den Büchern hin zur Gemeindebibliothek und zurück.

Die Leute, die bei Frau Kappler zu Besuch waren, nahmen der vor Freude zitternden Greisin das Kaffee-Einschenken ab, sangen ein Loblied auf sie und ihre Verdienste und taten es in dem Bewusstsein, ein Vögelchen in Briefform ähnlich wie im Märchen – sich selbst vorausgeschickt zu haben, das die freundliche Warnung enthielt: Wir kommen, um sie endgültig zu entlasten. Frau Kappler hatte diesen Satz jedoch nicht als das erkannt, was er sein sollte, denn er war umgeben gewesen von so viel Gezwitscher, dass ihr das Herz aufgegangen sein mochte.

Erst in dieser Kaffeetischrunde begriff sie. Zwar rief sie nicht: »Fresst mich nicht!«, sondern weinte nur, was aber Herrn Wolf sehr erschreckte.

Frau Kappler konnte sich einfach nicht vorstellen, dass nun ihr Vorraum leer werden sollte.

Der Besuch wusste, dass Frau Kappler keine einfache Großmutter gewesen war, dass sie aber jetzt oft den Lesern Bücher mitgeben wollte, die sie schon gelesen hatten, und dass sie zuweilen Leute mahnte, Bücher zurückzubringen, die sie gerade oder überhaupt nicht entliehen hatten.

Der Besuch wusste nicht, dass Frau Kappler nur öfter mit den Leuten reden wollte, weil sie allein war, und dass sie auch ein wenig des Geldes bedurfte, welches für jede Ausleihe gezahlt wurde. Die Zeit, da man Frau Kappler *Rotkäppchen* genannt hatte, freundlich, ironisch anspielend auf ihr Bildungsdrängen, ist lange her. Damals leitete sie noch die große Gemeindebibliothek und machte sie berühmt im ganzen Bezirk.

Je kleiner Frau Kapplers Schritte wurden, um so unentbehrlicher wurde ihr jeder Raum, den sie noch ausschreiten konnte.

Als der *Wolga* aufheulte, um abzufahren, spürte sie Herzschmerzen wie vorher nie. Man hatte ihr gesagt, sie solle sich Zeit lassen beim Ausräumen.

# DIE KATZE II

Im fünften Jahr nach der Wende durfte Frau Müller bei einer Behörde arbeiten und hatte berechtigte Hoffnungen gehegt, fest eingestellt zu werden, wie andere Frauen vor ihr. Ihr Dienstherr war ein Verkehrsamt, das hatte mit Kraftfahrzeugen zu tun, und denen gehörte, schadstoffarm, wenn auch im Stopp und Go, die Zukunft auf dem Markt. Diesen nun, statt der früheren Planwirtschaft vertrauend, fühlte sich Frau Müller jung und dynamisch. Und sie war es auch.

»Frau Müller, diese Woche müssen Sie mal in die Versicherung.«

Frau Müller ordnete Versicherungsdoppelkarten.

»Frau Müller, Sie gehen in die Ausgabe.«

Sie gab Fahrzeugpapiere aus und klebte Plaketten auf die Schilder.

»Frau Müller, machen Sie sich mit dem Computer vertraut, damit Sie, falls jemand ausfällt ...«

Frau Müller ertastete besser und besser die Tastaturen.

Aber sie kehrte auch und wischte Staub im Schalterbereich und beseitigte andere schwerere Verschmutzungen. Frau Müller kassierte Kaffee- und Geburtstagsgeld und betreute die Katze.

Ach ja: Die Katze war plötzlich dagewesen, nachdem Frau Müller angefangen hatte. Eines Morgens strich das Kätzchen um das Haus, mauzte flehend, doch in respektablem Abstand und fraß sehr misstrauisch von dem Mitgebrachten oder von den Essenresten der Mitarbeiter. Eine kleine Katze also. Keiner wusste, woher sie plötzlich gekommen war. Der Hofarbeiter sägte ihr das Schlupfloch in die Schuppentür, und Mizzi, so taufte Frau Müller das Tier, nahm die Unterkunft an und lebte also mit den Leuten vom Verkehrsamt. An den Wochenenden fütterte sie Frau Müller, die nicht weit vom Amt wohnte.

Frau Müllers Mann hatte gerade wieder Arbeit bekommen, und sie plante, ihre zwei Kinder neu einzukleiden. Einen Zweitwagen hatten Müllers schon, den Trabi der Eltern neben dem VW des Mannes. Es geht aufwärts, dachte Frau Müller. Wenn Mizzi hätte denken können, hätte sie auch so gedacht, sie brauchte sich nur recht fest in die Rinde eines Baumes zu krallen und schon stiege sie auf. Mizzi war nämlich nicht nur niedlich, mit weißem Brustlatz und hinten weißen Stiefeletten, sie zeigte auch Krallen und schlug sie gelegentlich in Männer, besonders nach dem operativen Eingriff. Solche Katzen werden bekanntlich schnell geschlechtsreif. Und wie sehr die Mitarbeiterinnen auch das Kuschelverhalten reizte, zum ständigen Unterhalten mehrerer Kätzchen hatten sie nun einmal in der Kfz-Zulassungsstelle keinen Trieb. Also wurde beschlossen, Mizzi muss zum Tierarzt und wird auf gemeinsame Kosten sterilisiert.

Gesagt war's, aber lange nicht getan, und die Angst, dass Mizzi doch ein Kater erwischen könnte, wuchs von Tag zu Tag, denn Mizzi ließ sich nicht fangen, welche Taktik und Technik auch angewandt wurde, einfach mit der Hand schon gar nicht. Man baute den langen Kasten mit der Klappe am Ende und wollte sie mit Futter hineinlocken. So lange Menschen in der Nähe waren, ging sie nicht hinein. Man versuchte ähnliches mit dem Korb. Ergebnislos. Endlich gelang es mit dem Köcher. Die Müllerin nahm Mizzi nach der Operation für eine Woche mit nach Hause. Seitdem ist das Verhältnis zu ihr noch inniger geworden, und die Männer hielt Mizzi nur noch für kratzwürdig und beißfest.

Also: Weiber unter sich.

Es war ein schöner Sommer, und Mizzi passte gut in die Grünanlagen vor dem Gebäude.

Eines Tages bedauerte der Chef, Frau Müller im sogenannten ABM-Verhältnis und also überhaupt weiterbeschäftigen zu können. Etwas später war auch die Katze weg. Die geäußerten Meinungen reichten von »Überfahren« bis »Gefressen«.


Anfangs wurden noch beide vermisst: Müller und Mizzi.

Und so sehr auch alle beider Verschwinden bedauerten, niemand suchte, nicht einmal in der Umgebung. Da fände eine Katze zurück, meinten manche. Es wurde kälter, der Winter kam. Und weiter ging es mit dem Aufschwung Ost. Immer mehr Fahrzeuge wurden angemeldet. Die mauzten nicht, die kriegten keine Jungen und Mädchen schon gar nicht. Und überhaupt ist das eine ziemlich sentimentale Geschichte.

# DIE SCHATZINSEL DES REINER REICHELT

## Erste Erzählung

Wir haben eine Schatzinsel kennengelernt und wurden gekidnappt. Thomi und Schmittel und ganz besonders meine Frau hatten mich gebeten, vom Schatzinsel-Erlebnis zu erzählen, aber nicht irgendwo, sondern bei Thomi in der Kneipe. Es begann mit meiner Bemerkung: »Es ging alles gut, aber wir wurden gekidnappt.« – »Sag bloß? – Warum?« – Ja, warum eigentlich musste auch ich mich fragen.

Thomi forderte: »Nu lass mal was hören, Mensch! Kriegst ooch een Bier.« Ich zuckte, meine Frau, die Sylli, auch, aber die aus einem anderen Grunde, was ich erst später erfuhr. – Wir waren die ersten aus unserem Dorf, die damals – nach der Wende – so weit weg verreist sind. Es begann auch in Thomis Kneipe mit Katalogen. In einem bot man jene Reise an. Unsere Frauen waren begeistert und wollten alle in die Karibik. »Zu den Seeräubern!« verkündete eine lauthals. Sylli und ich liehen uns den Katalog. »Aber wiederbringen und einen ausgeben!« forderte Conny, Thomis Frau. Ich nickte, und ein paar Monate später machten wir die Reise per Flugzeug über den »großen Teich«. Unsere Weltsehnsucht lauerte in uns wie ein großer Appetit, jetzt konnten wir endlich zur Verkostung übergehen.

Reichlich vier Wochen nach unserer Rückkehr saßen wir danach auf Thomis Terrasse in der März-Sonne, und ich begann meine erste Erzählung. Man kann so etwas nicht in einem Zuge machen, und ein Witz war es nun wirklich nicht.

Als wir durch den karibischen Ort auf der Hauptstraße schlenderten, waren wir von einem braunen, sympathischen großen Jungen in gutem Deutsch angesprochen worden und zu Robert beziehungsweise zu einem weißen Palast im üppigen Grün geführt worden.

Ein schmuckes Papier hatte uns der Junge, der neben uns auf einem schwarzgelben Moped gefahren war, in die Hand gedrückt, worauf ein Märchenschloss zu sehen gewesen ist.

Wir sollten es uns unbedingt ansehen. Es hieß GIORGIO. Der Junge sagte uns, er habe Deutsch gelernt am Casa Goethe, das ist das deutsche Goethe-

Institut, ganz in der Nähe, und dass das Ansehen des Luxushotels kostenlos wäre.

Ihm glaubten wir es, und Robert, der uns dort empfing, bewies, dass dieses Versprechen keine Lüge war; wir fühlten uns sofort sehr wohl. Robert, ein Deutscher, sagte, er sei der Geschäftsführer und schritt voran auf das Vestibül zu. Seine kräftige Gestalt, der tadellose, weiße Anzug und das gebräunte europäische Gesicht flößten besonders meiner Frau sofort Vertrauen ein. Mir imponierte seine Offenheit und ein gewisses Einfühlungsvermögen uns gegenüber. Als ich sagte, wir seien aus Sachsen, meinte er sofort teilnahmsvoll: Wir sollten froh sein, dass wir die Russen los seien. Ich nickte halbherzig, aber das Nicken macht man sowieso mit dem Kopf; ich kannte prächtige Russen. Robert hatte so eine kameradschaftliche Art, die uns imponierte.

Unsere Tage waren also anders als in Deutschland. Die Nächte gehörten dazu. Die brachten uns am Anfang keine richtige Erholung, denn die Aggregate, die für die Kühlung verantwortlich waren, lärmten auf den Dächern. Jetzt spreche ich von dem Hotel, in das uns das Reisebüro einquartiert hatte. Die Jalousien standen mit offenem, starren Visier der warmen Nacht gegenüber und die Geckos klebten an unserer Zimmerdecke. In der ersten Nacht gingen wir dann zur Nachtbar, die sich als ein lustiges Eiland auf der Insel zwischen Küste und Hotel unter Palmen und unter einem Schilfdach präsentierte. Der Mond lag in einer Hängematte am karibischen Himmel. Und alles mischte sich ins Nachtkonzert mit fröhlichen Verlautbarungen. Der Barkeeper Nino hatte uns mit »Hola!« begrüßt und sang ständig. Alles mischte nach Belieben mit, und Nino gab den neu angekommenen Touristen mehr Rum in den Cuba libre als normal. Ich schlief trotzdem nicht in der Hibiskushecke, als mich ein alkoholischer Drall dahinein drehte, sondern im angemieteten Bett. Die Temperatur sank auch nachts nicht unter +27 Grad; am Tage waren es immer über dreißig; gefühlt etwa 25, weil der Passatwind kühlte. Wir schrieben Anfang Februar.

Robert verschaffte uns eine Aura, die tropenlindernde Effekte bot. Wir wandelten meistens in klimatisierten Räumen des luxuriösen Hotels oder im Schatten riesengroßer, alter Bäume, die schon die ersten spanischen Eroberer mit Columbus an der Spitze und die legendären Piraten gekannt haben mussten. Das ganze hölzerne Bauwerk im viktorianischen Stil war nicht zu überblicken, denn es stand auf dem höchsten Berg des Ortes und war von tropischem Wald umgeben und nur zum Meer hin etwas offen, wo an den Felsen die Uferterrassen in verschiedenen Höhen gleichsam klebten wie Vogelnester.

Man stelle sich vor: Eine steile Felsenküste, zwanzig bis dreißig Meter hoch, und wie ein Teufelsschlund darunter die brodelnde Meeresbucht. Alle paar unberechenbare Minuten schleudert die Brandung eine Gischtfackel herauf, und man denkt: Jetzt reißt sie dich in die Tiefe! Einmal waren wir in einem der tiefgelegenen »Nester«, und ich hatte meinen Fotoapparat gerade noch unter dem Hemd verstecken können, mich traf die Sprühkrone der Brandung besser, und Robert traf irgendwie unser Herz. Er lachte so herzlich und erzählte uns, es seien vor allem die Reichen hier zu Gast, aber man sei dabei es zu ändern. Auch wir könnten es uns leisten, wenn ...

Wir waren also gekidnappt worden zu unserem Wohl, ausschließlich deshalb, wurde uns immer wieder zu verstehen gegeben.

Robert deutete auf seine schwarze Mappe und entfachte unseren Neid durch die Schilderungen dieser und jener Annehmlichkeiten. Manche Erläuterungen schien er sich aufzusparen, dachten wir, und ich portionierte meine Begeisterung, als ich merkte, dass er uns Ossis doch nicht richtig kannte. In der dünnen Ledermappe trug er die Papiere für uns mit sich herum. Manchmal zerrte er mit dem linken Zeigefinger zwischen Hals und Kragen seinen Schlipsknoten zurecht und lächelte entschuldigend. Die Krawatte war aber nicht karibisch bunt, sondern einfarbig blau wie das Meer der Karibik. Nach dem fünften oder sechsten Zeigefinger-Knick zwischen Hals und Kragen sagte er, Kopf geneigt: »Ich muss mich daran gewöhnen, denn wir kriegen allerhöchsten Besuch.« – Wir benickten den Umstand mitfühlend. Ich sage euch: Meine Frau lief Roberts Lächeln nach, und ich nickte eifrig weiter, denn ich hatte in der ostdeutschen Republik das Benicken gelernt und noch mehr. Wir sind die Weltreisenden mit Überblick geworden! Bei uns wurde der Westen nie ausgeklammert wie im Westen, nur die Details fehlten uns. Ich erinnere mich an die vage Aussage einer jungen Frau aus Reutlingen nach der Wende: »Dresden liegt doch in Sibirien?!« In unserer Dederädä (DDR) wurde der Westen schlecht gemacht, aber ökonomisch akzeptiert. Die Weltensehnsucht in uns blieb. – Robert erkannte sie und roch Lunte, wie man im Mittelalter sagte. Wir waren eine willkommene Beute. Unser Marktwert stieg in seinen Augen.

Er offenbarte uns einiges von sich. Er käme aus Freiburg im Breisgau, der wärmsten Ecke Deutschlands. Deshalb habe er sich auch schnell an das tropische Klima gewöhnt. Außerdem reise er jedes Jahr im Herbst wieder zurück nach Schwaben. Er sei Deutscher aus Überzeugung. Für einen Job, der nicht nur Arbeit, sondern auch Abenteuer, Glück und Reichtum verspricht, ist kein

Flecken der Erde zu weit, meinte er ausdrücklich und quittierte unser Nicken mit weiterem Wohlwollen.

Wir waren gerade an den Felsklippen angekommen. Ich hatte immer noch und vielleicht euphorischer als vorher, meine Begeisterung für dieses Stück Insel mitgeteilt, als er uns plötzlich sagte »Ich könnte mich Roberto nennen.« Er sagte es fast feierlich und halblaut und wie ein kleiner Junge, der ein Geheimnis noch nicht vorzeitig verraten möchte, aber es auch nicht ganz für sich behalten kann. Doch als ängstlicher Erwachsener hielt er dämpfend seine Hand vor den Mund und warf den sogenannten deutschen Blick hinauf zum Hotel. Dabei späht man seitlich aus den Augenwinkeln ohne den Kopf zu wenden. Der Blick ist schwer zu deuten, doch ich glaube, er passte in diese junge Republik. Robert hatte uns erklärt, die Republik sei erst vier Jahre alt, vorher hätte es viele Diktaturen und 56 Revolutionen gegeben. Das sagte er wieder mit etwas Feierlichkeit und mit einer uns unerklärlichen Erwartung in der Stimme: »Hier beginnt jetzt erst das zwanzigste Jahrhundert!« – Wieder sahen wir seinen schrägen Blick nach oben. Auf einen Beobachter müssen wir den Eindruck einer Drei-Personen-Verschwörung gemacht haben, weil wir immer mal die Köpfe zusammensteckten und uns auf jeden Fall einig waren darin, dass wir das 20. Jahrhundert beendeten und nicht begannen.

Robert redete mit uns nicht wie ein Geschäftsmann und ließ uns viel Zeit, um alles Neue zu verdauen. Ab und zu musste er weg, wegen irgendeiner geschäftlichen Verpflichtung, kam aber sofort im Eilschritt zurück. Uns blieb nicht viel Zeit zum Umsehen ohne ihn. Anfangs wollte er uns eine halbe Stunde opfern, inzwischen war die dritte halbe Stunde fast vorbei.

Er gestand uns: »Ich habe mich lange nicht so gut mit Gästen unterhalten.« Dann platzierte er uns in einem der »Schwalbennester«, in so einer kleinen Sitzterrasse auf den Felsen mit Blick aufs Meer. Ich nannte sie so, weil sie mich an die Nester in unserem heimischen Treppenhaus erinnerten. Sie hingen ebenso kühn in luftiger Höhe.

Wir fühlten uns wie in einem Horst, und adlergleich flogen unsere Gedanken hinaus übers Meer. Keine Brandung machte uns bange, die schroffen Felsen unter uns sahen wir nicht. Unsere Blicke flogen bis zum Horizont des Atlantiks, und wir glaubten, die weißen sich im Passat blähenden Segel der spanischen Eroberer zu sehen. Vorher hatte uns Robert schwärmerisch von der Vergangenheit der Insel erzählt. – »Als Kolumbus Amerika entdeckte, hat er hier ganz in der Nähe angelegt!«

Mich nahm der Gedanke ein: Jetzt bin ich dem Geburtsort meiner Mutter um mehrere tausend Kilometer näher! Das sind zwei Ereignisse, die mich innerlich sehr bewegten. Ohne den zweiten Umstand wäre ich nicht auf der Welt und ohne den ersten wäre die Welt vielleicht nicht so frei. – Gut, ich bin gekidnappt worden, aber … Ich konnte nicht zu Ende denken; da war Robert schon wieder da.

Er erzählte einiges von den Eroberern. Aber als er meinte, der Neid der später Geborenen sei wie immer ziemlich stark und als er auf Piraten zu sprechen kam, glänzten seine Augen, so dass ich einen unbestimmten Verdacht schöpfte. Aber ich konnte wieder nicht darüber nachdenken, denn er schwebte schon wieder selig durch den Park uns voran und sagte mit gehobener Stimme wie im Theater: »Das alles könnten Sie auch genießen; dieses Paradies und viele wunderschöne Flecken auf der ganzen Welt!« – Er nannte Indien, Australien, Südseeinseln, auch Hawai, Südafrika, Neuseeland und viele andere Orte. »Auch göttliche Urlaubsorte in den Schweizer Alpen stehen Ihnen zur Verfügung, wenn Sie von Deutschland nicht so weit weg wollen.« – Wir kamen aus dem Staunen nicht heraus und äußerten nur leicht gedämpfte Begeisterung. Das muss er als Zustimmung aufgefasst haben, und er wurde immer vertraulicher. »Jetzt zeige ich Ihnen etwas, was ich noch keinem Touristen gezeigt habe!« Ich lächelte skeptisch, und er schritt uns voran ein paar Felsenstufen hinunter, nachdem er eine schmiedeeiserne, weiße Tür zur Felsenseite hin geöffnet hatte. Wir befanden uns dann direkt unter dem »Schwalbennest«. Sylli hielt sich an mir fest, denn es waren nur wenige Schritte zum Abgrund, und es gab kein Geländer. Das legte die Vermutung nahe, dass Robert nicht gelogen hatte bezüglich »… noch keinem Touristen gezeigt …«. In dem Felsen vor uns hing eine dicke, alte, hölzerne Tür. Robert öffnete sie aber leicht und irgendwie andächtig; und sie muss nicht verschlossen gewesen sein.

Vor uns gähnte ein in den Felsen gehauenes, gewölbeähnliches Loch. Sylli blieb gleich in der Tür stehen. Mich bat Robert noch ein paar Schritte weiter, nachdem wir uns an die Dunkelheit gewöhnt hatten. Irgendwelche noch so primitive Möbel – Bänke, Tische Hocker oder ähnliches – waren nicht zu sehen. Tür und Türrahmen bildeten das einzige Hölzerne im Raum. Dann bemerkte ich große Eisenhaken, die über Kopfhöhe aus dem Felsen ragten. Sie erinnerten mich an Galgen. Unter jedem Haken war eine Mulde, etwa einen halben bis dreiviertel Meter tief, wovor mich Robert warnte; ich sollte nicht hineinrutschen. Ich wagte einen Scherz.; »Ich habe den Kopf nicht in der Schlinge.« Und ich deutete auf einen Haken. Er lachte nur trocken und gekünstelt, und ich lauerte vergeblich auf eine Erklärung. Sollte jetzt das Kidnapping perfekt gemacht werden, fragte ich mich. Erst als wir einige Schritte vorsichtig ins Höhleninnere gingen, zeigte Robert auf weitere Vertiefungen und erklärte knapp: »Hier wurden Vorräte gelagert.«

Ich überlegte fieberhaft: Vielleicht während der vielen Diktaturen? Ich sprach es aus, und Robert schüttelte nur den Kopf. Ich konnte es kaum erkennen, da er sowieso ständig in alle Richtungen spähte. Aber als Sylli vom Eingang her rief:: »Geh nicht so weit!« kehrte ich sofort um. Robert klopfte nur noch an eine zweite Tür, die hinter einer Felsennase versteckt war. »Hinter dieser Tür erst fand ich die Lösung:« Aber er öffnete sie nicht und sprach auch nicht weiter, sondern folgte mir zum Ausgang. Dort blendete uns der helle Sonnentag.

Robert schwieg, ich schwieg, Sylli erwartete uns wortlos. Nur fort von hier! schien sie zu denken. Noch bevor Robert die Tür schloss, hörte ich plötzlich ein Geräusch von drinnen, das wie das leichte Aneinanderschlagen von ausgetrockneten Knochen klang. Ich blickte in das schwarze Loch und sah nichts. Robert sagte auch jetzt nichts. Nur Sylli seufzte erleichtert, als wir wieder oben im »Schwalbennest« waren. Später gestand sie mir, dass auch sie das Geräusch gehört habe und sicher besser als ich, denn sie hat »Mäuschenohren« wie ich immer sage. Robert blickte uns danach auch nur gedankenverloren an und nickte ein paar Mal bedeutungsvoll. Erst als wir weggingen von der Terrasse, eine Art gut gesicherten Serpentinenpfad mit Geländer hinunter zum Meer, hielt er uns auf einmal bei den Schultern fest, hatte sich der Höhle zugewandt, fast so geseufzt wie Sylli und gehaucht: »Ja, ja, die Piraten. – Einer der letzten ganz großen starb 1825 hier in der Nähe.« Wir hatten den Eindruck, er habe uns etwas sehr wichtiges mitgeteilt. Danach führte er uns wortlos weiter, und erst als wir unten waren und knapp über dem brandenden Meer in einer Bucht auf einer stabilen, betonierten Schiffsanlegestelle standen, fand er seine Sprache wieder. Ganz Geschäftsführer erklärte er uns beflissen und mit ein wenig Ironie in der Stimme, die mir gefiel: »Hier legen unsere sehr komfortablen, mit besten Speisen und Getränken ausgestatteten Ausflugsschiffe an und ab. Sie bringen jeden Hotelgast an einen hervorragenden, feinsandigen, einsamen Strand, der nur unserem Hotel gehört. Dort stört sie niemand und nichts. – Na, ist das was?!« Robert lotste uns wieder hinauf, und er ging jetzt schneller voraus, weil er per Handy irgendwohin gerufen worden war. Wir stiegen den gleichen Weg hinauf, den wir gekommen waren, und mussten durch einen wenige Meter langen, in den Felsen geschlagenen Gang. Er führte ein wenig um die Ecke, um auf einer breiteren, eisernen Brücke zu enden. Wir waren dort schon gegangen, aber die ständigen schwärmerischen Erläuterungen Roberts – »Ist das nicht ein herrlicher Blick!« oder »Wir umsorgen unsere Gäste überall in unserem Paradies« hatten uns abgelenkt. Jetzt fanden wir den Tunnel unheimlich, besonders als Robert kurzzeitig aus unserem Blickfeld war. Dieser Durchgang wirkte wie eine seltsam erleuchtete Höhle mit schräg zum Meer hin abfallendem Felsdach, das aussah als würde es jeden Moment hinabrutschen wollen. Der Ausgang endete an einem sehr hellen Felsen, den wir zwar erst nicht sahen, weil er hinter einer Biegung lag. Die gleißende Sonne auf dem bewegten Meer wurde dort reflektiert, wodurch ein unheimliches Flackern im Tunnel erzeugt wurde, etwa wie Nordlicht. Wir sahen schemenhaft geisternde Gestalten. Sylli fasste meine Hand. Wir stiegen zögernd weiter. Der Weg stieg kurzzeitig steil an, und er war bläulich betoniert, wirkte sehr glatt, wir befürchteten rückwärts zu rutschen. Und wir dachten beide an die Höhle. – Warum hatte sie uns Robert gezeigt? – Was erwartete er dafür von uns?

Auf der Brücke, die zwei Felsklippen überspannte, sah uns Robert entgegen. Die Brandung unter uns donnerte an die Felsen, und Robert erklärte ziemlich sachlich, aber etwas gehetzt, oben müssten wir den Kontrakt perfekt machen; Ordnung müsse sein. – Aha! dachte ich.

Sylli sah mich an und ich sah sie an, und beide dachten wir das Wort »Kontrakt« mit Fragezeichen. Die Brandung wuchtete, und wir hatten den Eindruck, wir seien schon die Beute in seinem Netz. Das Bild fiel mir angesichts der Spinnennetzkonstruktion der Stahlbrücke ein. – Er muss gespürt haben, dass wir ihn zu durchschauen begannen. In einem fast heiterem Ton versuchte er, sich wieder so locker zu geben wie zuvor. Ich war auch an einem Erkenntnispunkt angelangt, der mich ermutigte zu sagen: »Irgendwie ist das Ganze ein sehr schönes Museum.« – Wir waren dann schon weit über zwei Stunden in dem Gelände. Robert lachte ein wenig und versuchte ein Spagat zwischen dienstlichem Auftrag und Gastfreundschaft: »Unser Kidnapper hat Ihnen sicher schon Appetit gemacht. – Wir nennen unsere Werbeangestellten scherzhaft so. – Er kriegt ja auch für jeden zugeführten Gast zehn Dollar von uns.« – Wieder sahen wir uns wortlos an. Der farbige Junge hatte uns schon ausgeplaudert, dass er zwei Dollar bekäme. – Wir lachten alle ein bisschen, jeder aus einem anderen Grund, und Robert strebte dem Hotel zu. Keiner von uns blickte sich um. Es schien plötzlich nichts wichtiger zu sein als das sanfte Knirschen unserer Schritte auf dem sehr feinen, weißen Kies des Parkweges Richtung Ausgang. – Jetzt wird es ernst, dachte ich.

Ich hatte mein drittes Bier fast leer, und Sylli sah mich an und ich sie, und ich sagte: »Außer der Sonne in den nackten, laublosen Bäumen hier erinnert jetzt nichts an die Schatzinsel.
Nächste Woche erzähle ich weiter.«


## Zweite Erzählung

Zugegeben: In unserem Hotel, wohin uns die Reisegesellschaft vermittelt hatte, »blühte« uns kein fürstliches Leben wie im GIORGIO aber es blühte. Jeden Morgen hatten sich vor unseren Fenstern andere Blüten geöffnet – an Büschen, an Bäumen und Stauden. Der Park erneuerte sich selbst täglich, weil Blätter und Blüten ständig welkten und neu wuchsen. Nur ab und zu fegte ein farbiger, vor sich hin singender Arbeiter die Gehwege frei. Die Hibiskushecke beschnitten die Köche, um mit Blüten und Blättern das Büfett zu garnieren oder sie zu Salaten zu verarbeiten. Und die Sicht auf das Meer sollte erhalten bleiben.
Vor allem abends lag ein betäubender, süßer Duft über allem. Er schuf ein Flair von ungeahntem Reiz.
So begann ich meine zweite Erzählung. Wir mussten in die Gaststube gehen. Noch immer regierte der Spätwinter. Es stürmte, regnete, schneite im Wechsel. Um die Häuser war es erdgrau, der Himmel hing tief und dunkel. Wärme gab es nur wenige Grade über Null. Wir fröstelten draußen. Drinnen hatte Thomi den Kachelofen angeheizt.
Ich dachte an die hellblauen Dächer, die wir von unserem Studio im Stammhotel aus sehen konnten; sie wirkten wie schneebedeckt unter der gleißenden Sonne. Noch vor kurzem war in unserem Dorf alles so weiß gewesen. Natürlich wusste ich, wie ich weitererzählen wollte, aber Schmittel fragte, als wir uns kaum gesetzt hatten: »Was war denn nun mit dem Schatz? Und warum hat man euch gekidnappt? – Bei Stevenson wusste man beizeiten, dass es den Schatz gab, aber bei dir …?« – »Und was war mit den Piraten?« wurde gefragt. Sylli meinte, ohne Bier liefe gar nichts, und Conny beeilte sich ein schäumendes Helles zu servieren.
»Na, ist das vielleicht kein Schatz, wenn täglich alles neu blüht? – Und Piraten, Leute, die konnte man im Ort auf Schritt und Tritt treffen. Da war eine

Marktstraße, grob gepflastert, die im Bogen hinunterführte zum Meer, auch vielerorts übersät mit großen Blüten und Blättern. Dort standen Piraten der Neuzeit in den neun Hautfarben der Insel und Weiße natürlich, und die feilschten. Bunt war auch ihr Angebot, bunt ihre Preisangaben; mal weit über dem Wert und manchmal weit darunter – je nachdem wie dringend es für sie war, zu verkaufen. Manche Anbieter schrieen ihre Angebote frei heraus, andere taten sachlich oder schmeichelten den Käufern, und man konnte auch angeblich sehr preisgünstige Angebote zugeraunt bekommen – natürlich nur für uns persönlich. So bunt wie das Marktgebaren war auch der Anblick. Von kleinen handbemalten Figuren bis zu vornehmen exotischen Gewändern reichte das Angebot, von dem, was die Insel bot bis zu dem, was sie nicht hatte. Ihr fehlten zum Beispiel Kugelschreiber; einer kostete ein Viertel eines Monatslohnes eines einheimischen Arbeiters, weil jeder Stift importiert werden musste. Als uns bei der Ankunft ein schwarzer Kofferträger geholfen hatte, schenkte ich ihm einen aus Deutschland mitgebrachten Kugelschreiber, eine Empfehlung unserer Reiseleiterin. Der Mann strahlte so tiefbewegt dankbar, dass ich an die ersten Jahre der DDR denken musste, als ein Füllfederhalter mit Goldfeder, ein Geschenk der Westverwandtschaft, einen ähnlichen Reichtum für uns bedeutete. Der Kofferträger hatte mehrere schulpflichtige Kinder, die, seit es die Republik gab, in die Schule gehen durften. Bei vielen Touristen siegte die Neugier über die Scheu vor Unbekanntem. Den Gipfel einer Art Piraterie mit komischer Wirkung auf uns war der Ruf eines farbigen Händlers: »Winterschlussverkauf! Komm gucken!« – Damit hatte er nicht nur die Herzen der Deutschen gewonnen, sondern auch ihre Kauflust. Diese Episode machte uns wieder bewusst, dass wir im Februar, also im Winter des Jahres lebten; die Insel gaukelte uns Frühling, Sommer und Herbst in einem vor. Sylli rief öfters prophetisch aus: »Wo sind wir gelandet?!«

Ja, wir waren Urlauber-Sklaven geworden, nicht angekettet, aber angebunden oder angebändelt. An meinem linken Handgelenk hatte man bei unserer Ankunft, wie bei allen All-Inklusive-Gästen, ein hellblaues Plastikband angeheftet, Nummer 4723. Wir sollten nur auf unserer Hotelgaleere rudern; das bot zwar beiden Seiten auch eine gewisse Sicherheit, aber gewichtiger für die Unternehmen war wohl die Ausschaltung von Konkurrenz. Komischerweise dachte ich an die Berliner Mauer. Wir trugen aber die »Handfessel« gerne, nur im GIORGIO kamen wir uns eigenartig vor, und als man uns das Band am Tage unserer Abreise abgenommen hatte, verflüchtigte sich ein Gefühl von Ungebundenheit wie man es meistens nur in südlichen Ländern erlebt – irgendwie paradox.

An dieser Stelle wurde ich wieder einmal unterbrochen. Sofort forderte Schmittel mürrisch: »Aber wo sind denn nun die Schätze gewesen?« Ich überlegte kurz und antwortete: »Jede Erkenntnis ist ein Schatz, aber den richtigen fanden wir erst zum Ende des Urlaubes.« »Dann erzähle mal das!!« Ich lehnte ab. Ein Ende ohne Vorgeschichte ist keine Geschichte, genau wie bei Stevenson. Mein nächstes Bier ging auf seine Rechnung.

Wo wir gelandet waren, schien fast immer und beinahe unanständig die Sonne, richtig mutterwarm. Jeder von uns ist lockerer geworden und hegte öfters Sexy-Gedanken. Zwischen Pool und Park lockte die All-Inklusive-Tagesbar, wo meistens Fior bediente. Mir kam sie vor wie Aladins Wunderlampe: Kupferfarbig, wohlgeformt und kein Typ, auf den alle fliegen, für mich ein Wunschtraum. Bei dieser Frau holte ich mir Appetit und genoss dann bei der eigenen im Studio, so wurden die Hotelzimmer dort genannt. Auch Fior hatte Kinder und freute sich über Kugelschreiber.
In unserem Hotel-Restaurant, einer großen überdachten Freiluftveranda, tanzten die Kellner um unsere Tische Merenque; das ist dort der National-tanz, eine lebhafte Viererschrittfolge. Die Tänzer sangen und pfiffen und bedienten uns dabei. Manchmal, wenn sie dir unverhofft ins Ohr säuselten, konntest du den deutschen Anstand vergessen und Lust kriegen, den braunen Männern oder Frauen einen übermütigen Klaps auf das Gesäß zu verpassen. Die karibischen Spatzen waren noch ungehemmter, sie paarten sich an der Freiluft-Bar, als hätten sie vom Cuba libre oder von der Pina Colada getrunken; für sie war auch alles all-inklusive. – Übrigens sah ich Fiors Beine nie, die Frauen und Mädchen dort tragen keine kurzen Röcke, die Männer keine kurzen Hosen. Eine einheimische Frau liegt schon gar nicht »oben ohne« am Strand oder am Pool. – Bei aller Freizügigkeit und leichten Lebensart wissen sie auch diese, ihre, Schätze zu hüten.
Thomi fragte skeptisch: »Soll das etwa heißen: Du hast gar keine Schätze gesehen??«
»Ich sah Schätze und auch Piraten. Wir müssen zurück zu Robert in die nächste Erzählung.«

## Dritte Erzählung

Der März ging wieder sonnig zu Ende. Die kurzen Regenschauer am Morgen waren mit Wolken davongezogen. Wir saßen wieder auf der Terrasse. Man konnte weit sehen; das passte zu meiner dritten Erzählung.

»Prost! Auf Robert!« sagte ich und stellte mir sein Gesicht vor als wir weg waren.

»... Mit dem Schatz?« fragte Schmittel gespannt.

Ich schluckte das herbe, leicht bittere Bier, setzte das Glas ab und lächelte, vielleicht so ein Lächeln wie es Robert im Gesicht hatte als er uns zur Begrüßung in der antik anmutenden Säulenhalle empfangen hatte. Darüber gleißte in goldener Schrift der Hotelname, und der Schattenteppich des Palmenhaines versprach wohlige Kühle. Ein schwarzer Arbeiter fegte vor uns eilig einige wenige Blätter weg als sei er besorgt, wir könnten darüber stolpern. Natürlich waren wir »Herzlich willkommen!«, aber was sind schon Worte vor dem vornehmen Glanz und der gepflegten Hotelaura. – Als ich mich ein wenig lässig am Geländer des Vestibüls hochzog, folgte mir fast unhörbar eine farbige Bedienstete, die das Treppengeländer abwischte. Unwillkürlich besah ich leicht irritiert meine Hände, als müsste ich dort verseuchende Bakterien in Massen kleben haben, doch keine Hand war schmutzig. Als wir die Treppe hinter uns hatten, war die Putzfrau, eine zierliche, scheu blickende Person, lautlos verschwunden. So geisterhaft bewegten sich auch andere Bedienstete. Robert arbeitete gestisch mit seiner schwarzen Mappe, als wollte er unsere Tauglichkeit für den Urlaub in der weiten Welt abwägen. Beschwörend hob er die Arme und ließ sie niederfallen auf uns, als er uns vor Augen hielt, wie sicher wir seien in allen Familien-Resorts des hervorragenden Clubs. Die besten Suiten seien mit schusssicheren Glasfenstern ausgestattet, und Stahljalousien würden bei Gefahr an allen Außenfenstern und Türen herunterfallen, wenn es nötig sei. Kein ungebetener Gast könnte dann in das Haus. – Ich dachte: Und es kann auch niemand hinaus. Bevor er uns die Räume zeigte, setzten wir uns alle drei an einen großen runden, weißen Tisch auf einer Terrasse. Ich dachte: Hier gibt es weder Fenster noch Türen. Er schlug seine Mappe auf, fragte uns nach unseren Namen und trug sie in ein Papier ein. In dem Moment ergriff mich ein beklemmendes Gefühl, was aber nicht so stark war, um meine Neugier zu besiegen. Es ließ mich jedoch nicht mehr ganz los, während Robert uns die Anlage zeigte. – Das änderte sich auch nicht, als Robert uns Geschenke versprach.

Wir würden jeder ein T-Shirt bekommen, zwei Flaschen Rum, allerlei wissenswertes Informationsmaterial und würden in einem großen, weißen Nobel-PKW zu unserem Urlaubshotel gefahren. Die Köder belächelten wir. Man nimmt mit, was man kann, wenn man kann. Sylli und ich wechselten Blicke, als wir mit Robert auf eine der Suiten zusteuerten. In Gedanken fragten wir uns: Kann man es mindestens sechs Wochen in einer der vornehmen Gefängnis-Suiten aushalten? Kurz vorher hatte uns Robert die internationale Situation so erklärt: »Die Kriminalität in der Welt wächst.« – Wir nickten. – »Sie werden künftig nirgends mehr so sicher sein im Urlaub wie bei uns! Denken Sie an die Taliban und an andere Terroristen sowie an die Piraten der neuesten Zeit!« Und er sagte uns auch, wer unsere Sicherheit garantierte: Solche international renommierten Firmen wie Master-Card und Coca Cola. An dieser Stelle bestätigte ich ihm, dass die Kriminalität tatsächlich wachse, denn wir hatten während Roberts kurzfristiger Abwesenheit gerechnet. Rein äußerlich waren wir uns so herrlich einig, und Robert steuerte auf die »Julius-Suite« zu. Die Suiten trugen alle Namen von großen Eroberern – wie Alexander, Cäsar, und so weiter. Wir hatten errechnet, dass wir keinesfalls in diese Suiten passten. 165 DM im Monat bezahlen, dazu ein »Eintrittsgeld« von 3.000 DM und ein konstanter Jahresbeitrag sicherte uns 25 Jahre lang die ruhigsten und ausgesuchtesten Urlaubshotels auf der ganzen Welt, die wir uns aber nur bedingt aussuchen konnten. Für uns als ostdeutsche Weltenbürger bedeutete es Tausende von DM zu investieren, die wir vielleicht in wenigen Jahren gar nicht mehr hatten. Man sprach im Lande von Konjunktur, aber die Arbeitslosigkeit im Osten stieg. – Nein, solchen Eroberern sahen wir nicht ähnlich.

Robert rechnete anders. Er wollte uns die gediegensten Suiten zeigen, die lauschigsten Plätze im Park und die interessantesten Storys erzählen, die dieses GIORGIO als eines der besten Familien-Resorts des Clubs auf der ganzen Welt zu bieten hätte.

Einiges habe ich schon erzählt.

Wir sahen in die Julius-Suite und in ein märchenhaftes Schlafgemach, ausgestattet mit Rattanmöbeln und langen Seidenvorhängen. Es summte diskret eine Klimaanlage. Wir blickten in das geräumige Bad mit mehreren Wannen in Marmor gefasst und gefliest von unten bis oben. »Hier kann man die Wanne getrost überlaufen lassen.« flüsterte Sylli. Robert lächelte und verwies auf die separaten Toiletten rechts und links vom Bad in ganz entspannenden Farben – zartgrün und rosa. Das Wohn- und Speisezimmer wollte uns Robert auch zeigen, aber davor stand ein farbiger Hotelboy, ein Herkules wie in Ebenholz geschnitzt. Er verwehrte uns den Zutritt, obwohl ihn Robert bettelte. Sicher bekam er auch ein fürstliches Trinkgeld, wenn er die Herrschaften in Ruhe zu Mittag speisen ließ. Robert bedauerte. Wir gingen weiter und begegneten zum zweiten Male einem japanisch aussehenden Herrn. Er saß unbeweglich auf einem Korbstuhl und hatte die Beine auf einem Hocker mit Kissen gelegt. Er verfolgte uns nur mit den Augen in seinem bleichen, versteinerten Gesicht als wir vorübergingen. Sylli raunte mir zu: »Ein verwester Säugling.« Ich sah noch einmal hin. Seine Augen wiesen uns ab, und ich dachte: So sehe ich vielleicht in 25 Jahren aus, wenn wir …

An weiteren Suiten großer Eroberer gingen wir vorüber. Ihre Bewohner, wenn sie sich sehen ließen, gaben uns mit Blicken zu verstehen, dass sie sich ihre Eroberungen nie mehr wegnehmen lassen würden. In uns reifte ein Entschluss, und wir wollten keine kostenlosen Schnupperwochen, die uns Robert in Aussicht gestellt hatte. Noch war ich unentschieden. Wir gingen durch das Haus und durch den Park, und es kam uns vor, als würden sich die farbigen Bediensteten alle nur schleichend und scheu bewegen. Wir hätten uns als bessere, bevorzugte Menschen fühlen und sie übersehen können, aber das war uns nicht möglich. Im Park, versteckt hinter Büschen, stand für sie ein Mittagessen bereit in einer großen Pfanne: Nackter Reis mit einer braunen, fleischlosen Brühe. Sie schöpften sich den Reis in kleine Schüsseln und verschwanden wieder. In die Suiten wurden ganze Braten, flüchtig abgedeckt, auf Servierwagen gefahren.

Noch einmal verwies Robert auf den Kontrakt als er wieder abgerufen wurde. Uns zog es das Innere zusammen, als hätten wir Supersaures getrunken. Wir sollten schon jetzt daran denken, welche zwei neuen Urlauber wir mitbringen wollten; die Suiten seien dafür ausgestattet. – Ich stellte es mir etwas pervers vor, wenn ständig vier Personen, Paare vielleicht, nach dem Genuss von Rum so dicht beieinander wohnen. Ich blickte nun unmissverständlicher nach dem Ausgang. – Wir sollten also noch andere Menschen zu dieser Urlaubssklaverei verführen! Wir fürchteten, dass Robert nun keine Zeit und Geduld mehr für uns aufwenden würde. – Als er uns noch einmal verließ, überantwortete er uns einem jungen Holländer, der Manfred hieß, und den Robert vertrauensvoll mit den Worten »Er weiß alles über Sie.« vorgestellt hatte. Das ungute Gefühl in uns nahm zu. Wir akzeptierten wortlos und sahen auf die Uhr; wir waren schon über drei Stunden im GIORGIO, der vornehmen Höhle. – Ich nannte das Hotel in Gedanken so. Sylli empfand es ähnlich, denn sie nahm öfters meine Hand und suchte Halt.

Dieser Manfred erklärte sehr sachlich und ohne Umschweife, es gäbe mehrere empfehlenswerte Zwischenvarianten, die es erlaubten, sich nicht auf 25 Jahre festlegen zu müssen. Sicher hatte Robert ihn wissen lassen, dass wir hundertprozentige Clubanwärter seien und plauderte auch über dieses und jenes. So erzählte er beiläufig, dass vor wenigen Wochen im Ort eine Frau ermordet worden sei, und sie sollte aus dem GIORGIO gewesen sein. »Wir hatten einen der besten Anwälte aus den USA eingeschaltet, und der Mord hat gar nicht stattgefunden.« sagte er wichtigtuend. Wir brachten es fertig zu lächeln, wir Gekidnappten.

Mit einem besorgten Blick auf die Uhr erklärten wir Manfred, dass es in unserem Stammhotel ab 14.00 Uhr kein Mittagessen mehr gäbe und wir hätten Hunger. – Gruß an Robert, wir kommen wieder, und weg waren wir.

»Und wo war denn nun der Schatz?« fragten Thomi und andere.

Das erzähle ich euch noch, aber als nächstes, dass wir schlauer waren als dieser Robert.

### Vierte Erzählung

Wir sind nach jeder Erzählung immer mehr geworden in Thomis Kneipe. Die Zuhörer drängten sich geradezu auf der Terrasse, und gegenüber auf dem Spielplatz hielten sich Leute lange auf, die wir gar nicht kannten, und sie spitzten die Ohren. Dazwischen war nur die Dorfstraße, aber zwischen unserem Erlebten in der Karibik und dem Land aus dem wir herausgewachsen waren, der »Dederädä« von einst, wie unser Sohn die gernegroße DDR oft nannte, lagen Welten. Es wurde uns damals ein Haufen Wissen beigebracht, aber wir hatten von vielem Westlichen keine richtige Vorstellung. Als ich diesen Gedanken an die erste Stelle meiner nächsten Erzählung stellte, hatte ich den Eindruck als hätte ich gar nichts gesagt. Thomi knurrte unzufrieden etwas und Schmittel meinte, das Bier sei heute warm. Daraufhin ereiferte sich Conny; es komme frisch aus dem Keller. Schmittel beschwichtigte: »Schon gut.« Und zu mir: »Wie habt ihr den Robert geschafft?«

Das habe ich schon erzählt: Wir sind einfach gegangen.

»... ohne Rum und T-Shirt und so weiter?« wurde gefragt.

Ja, wir hatten begriffen, dass uns unsere Freiheit in einer ärmlicheren Welt lieber ist als alle Geschenke und die Aussicht auf supernoblen Urlaub.

Thomi kniff die Augen zusammen. »Aha, ihr hattet wohl von dem Schatz Wind bekommen he??«

»Ja und nein«, antwortete ich, und ich begann so:

Robert hatte uns doch gestanden, dass er sich lange nicht mit jemanden so gut unterhalten habe. Wir ließen seine Feststellung unwidersprochen, bedankten uns förmlich gut erzogen mit »Ganz unsererseits!« und ließen ihn erzählen.

Einmal sei ein Onkel aus der Zone bei seinen Eltern zu Besuch gewesen und hätte seinen Vater beschwatzen wollen. Etwa so: Der müsse als Gewerkschafter etwas gegen die Ausbeutung tun und für die Einheit Deutschlands. Da hätte die Bundesrepublik aber gerade das Wirtschaftswunder erlebt und niemand scherte sich darum, was aus denen im Osten würde. Der Onkel habe betont, dass er als Gewerkschafter gekommen sei. »Warum nicht einfach als Verwandter?« fragte Robert und fügte hinzu: »Alle Leute aus der Zone hatten doch einen Auftrag!« Außerdem sei der Osten nur neidisch gewesen auf den Westen. Da musste ich schmunzeln, denn ich dachte daran, wie es war, wenn ein sogenanntes *Westpaket* bei uns ankam. Man öffnete es wie eine Schatztruhe. Erst viel später haben wir erfahren, dass oft das Billigste eingepackt worden war und der bundesrepublikanische Staat den großzügigen Spendern ihre Ausgaben vergütete. – Bei aller subjektiver Ehrlichkeit vieler Schenkenden ist das Ganze ein Wohlfahrtsschwindel gewesen; erst das Vertrauen gewinnen und dann wollte man kaufen und verkaufen. Und dieser Robert machte es im Auftrage seines Clubs und der hinter ihm stehenden Firmen nicht anders. Urlaub ist eine käufliche Ware geworden. Und genau besehen, geht es nicht einmal um den Gebrauchswert Urlaub, sondern um seinen Warenwert, um das Kapital. Wir hätten nach und nach alle unsere Ersparnisse aufbrauchen müssen und wären wahrscheinlich in solchen Urlaubs-Reservaten nicht froh geworden; ganz abgesehen davon, ob wir immer hätten zahlen können. Wie ihr wisst, war ich zwischenzeitlich auch arbeitslos, und unsere Rente steht in den Sternen.

Ob dieser Robert wirklich Geschäftsführer war, ist ganz unerheblich. Aber wichtig ist, dass die einheimischen Bediensteten wenig Personalkosten verursachen und der überdurchschnittliche Komfort sich bei vielen Urlaubern rechnet. Der einzelne Urlauber ist ein Mehrwert-Produzent der Kapitalisten, der zur Akkumulation des Kapitals beiträgt, wer er ist und wie er sich fühlt, spielt überhaupt keine Rolle. Er ist bestenfalls eine Nummer im Kapital-

Roulett. – Wer in solchen Ressorts Urlaub macht, das sind vielleicht jene Kapitalisten der internationalen Finanzoligarchie, die sich nicht in die Karten und nicht in die Suiten gucken lassen. Die Ossis sollten abgezockt werden, weil sie keine Ahnung hatten, dachte sicher auch Robert. Aber erinnert euch, Leute, was wir in unserer Dederädä alles gelernt haben! Jetzt können wir es gebrauchen.

Einige junge Leute hörten schon lange nicht mehr zu, und Schmittel regte sich wieder über die Fremdworte auf. Er sagte: »Schatz heißt bei dir wohl Kapital? – Wenn du das nächste Mal nichts von dem Schatz erzählst, komme ich nicht.«

Ich versprach es und sagte allen Zuhörern etwas von Täuschungen und organisierten Zufällen, die uns auf der Schatzinsel widerfahren wären, aber ihnen würde so etwas niemals durch mich in dieser Gaststätte passieren.

Ich hatte mir von der Insel ein Buch mitgebracht, was ich erst zu Hause richtig gelesen habe; es half mir, dem Schatz auf die Spur zu kommen.

»Du hast ihn also dort doch nicht gefunden!?« rief Schmittel argwöhnisch und verärgert aus.

Ich antwortete: Das ist wie mit der Karte vom verborgenen Schatz bei Stevenson; Täuschungen gehören zur westlichen Welt, und wir sind jetzt auch Westen. – Damit beendete ich augenzwinkernd die vorletzte Erzählung . – »Prost, Leute!«


## Fünfte Erzählung

Mich reizte das Abenteuer sehr, und Sylli sagte nur halbherzig Ja zu meinem Vorschlag, das Kidnapping noch einmal herauszufordern. – Vielleicht vertraut uns Robert dann um so mehr. »Wir haben es versprochen, wiederzukommen!« sagt ich unternehmungslustig zu Sylli.

Wir gingen also wieder hin, und Robert führte uns erneut in die Höhle unter dem Schwalbennest. Sofort fragten wir uns: Warum? – Wollte er sich vielleicht an uns rächen, weil wir auf den angebotenen Vertrag nicht eingegangen sind? Oder versuchte er nur eine andere, eine abschreckende Methode? Auch der Gedanke, ob er uns vielleicht zum Mitwisser seiner Schätze machen wollte, beschäftigte uns. Aber wir mussten auf der Hut sein.

Robert war genau so freundlich wie am Anfang unserer ersten Begegnung. Aber er witzelte nicht. Alles, was er tat, geschah in vollstem Ernst, schneller und konzentrierter als beim ersten Mal. – Er steuerte sofort auf die Tür zu, die er vorher nicht geöffnet hatte.

Er schloss mit einem uralten Schlüssel auf und dahinter noch eine moderne Tür mit einer Chipcarde – wie man sie an Hoteltüren verwendet. Dann sagte er: »Hier ruht der Schlüssel zu meinem Schatz.« Es klang aber gar nicht bedeutsam, eher traurig. Dieser Satz war es, der Sylli bewegte doch noch in die Höhle mitzukommen. Robert hatte sie ganz inständig gebeten: »Bitte, kommen Sie mit! Man kann Sie unter Umständen vom Hotel aus sehen.« – Wir gingen weiter in das Höhleninnere und Robert riet uns die Oberarme vor das Gesicht zu halten, und das war auch nötig, denn von der Decke hingen Lumpen und Spinnweben; große, tropische Spinnen lauerten oder rasten von uns aufgeschreckt über ihre Netze. Ein modriger Geruch lag über allem. »Keine Angst,« sagte Robert, »die Klamotten habe ich nur hingehängt in Erinnerung an meine Vorfahren, und die Spinnen sind ganz ungefährlich.« Die Luft wurde uns knapp.

Aber ein Luftzug bewegte doch das, was da von oben hing; auch in den Ecken wehten leicht die Netze der gierigen Taranteln, die zwar langsam sind, aber springen können, wenn ihnen ein Insekt ins Netz geht. Wir sahen diese dunkelbraune Spinne, deren Körper alleine so groß ist wie ein 5-DM-Stück, als sie über uns hinwegsprang – von einem ihrer Netze in das andere.

Robert blieb von da an immer an unserer Seite und leuchtete mit seiner strahlenstarken Taschenlampe voraus. Hinter uns lag bald völlige Dunkelheit, und wir gingen auch in einen dunklen Gang hinein. Wenn wir stehen blieben und schwiegen, wurde es grabesstill; nur manchmal war es als atmete irgendwo schwer ein Wesen. Ich hatte mich schon geärgert, dass wir uns darauf eingelassen hatten, aber ich dachte: Robert will doch sicher auch wieder lebend hier herauskommen. Wir gingen immer dicht hinter ihm oder neben ihm, um uns sofort bei ihm festkrallen zu können, wenn ... Sylli hielt meine Hand umklammert.

Der Gang weitete sich, und Robert bat uns, einen Moment stehen zu bleiben. Ganz flink hatte er zwei oder drei Fackeln entzündet, die den etwa kreisrunden Raum gespenstisch ausleuchteten. Wieder sahen wir die Haken an der Wand, und vor einem Bogen des felsigen Rondells hing ein menschliches Skelett. Ich spürte den Herzschlag meiner Sylli über ihren Puls in meiner Hand. »Bleiben Sie bitte ganz ruhig; bisher habe ich Sie als mutige Menschen kennen gelernt, enttäuschen Sie mich nicht.« meinte Robert.

Das einzige, was mich ruhiger machte, war die Tatsache, dass überall in die Felswände Schränke eingelassen waren; Zeugnisse einer Zivilisation. Ich zählte an die zehn hölzerne Türen. – Robert erklärte: »Der da,« sagte er und wies auf das Skelett, »ist hier vor einigen Jahren als ein Lebensmüder gestorben. Die Polizei hat vergeblich nach Angehörigen gefahndet. Da habe ich mich seiner angenommen, und ich verehre ihn als meinen Vorfahren. – Gleich werden Sie wissen, warum ich es tue.« Er fingerte etwas umständlich einen kleinen Schlüssel aus seiner Hosentasche, und ich erinnerte mich an das klappernde Geräusch, als wir den vorderen Höhlenteil erstmalig besuchten. Auch jetzt bewegte sich das Skelett leicht; es musste also mindestens eine zweite Luftzufuhr geben. In dieser tatsächlich etwas angenehmeren Zugluft warteten wir beinahe sehr gefasst bis er aufgeschlossen hatte.

»Ich habe herausgefunden, dass ich einen Vorfahren habe, der hier gewesen ist. 1825 wurde er in dieser Nähe festgenommen, sehr schnell als Freibeuter, also Pirat, verurteilt und hingerichtet. – Freunde, ich könnte ein reicher Mann sein, wenn ich reich wäre. – Auch ihr könntet mir helfen!« Er flehte fast, erzählte von dem harten Leben eines Mannes zu Beginn des 19. Jahrhunderts, der ein verarmter Adliger aus dem Elsass gewesen sei. Und uns berührte seine Geschichte.

Wir wollten mehr wissen, aber er sagte nur: »An dieser Bucht ging er an Land.« Dann holte er aus einem dieser Felswandschränke eine Karte heraus. Wir vergaßen unsere Angst und vermuteten eine Schatzkarte. Und wir hatten recht. Aber Robert entfaltete sie nicht, sondern stellte sich albern in Positur und sagte: »Ich bin ein mehrfacher Urenkel des berühmten Piraten Roberto Cofresi!« Er machte eine theatralische Pause, und Sylli und ich sahen uns ungläubig an. Als wir ein wenig lächelten, verfinsterte sich Roberts Gesicht, und ich wollte ihn beschwichtigten: »Nein, Herr ...« Ich zögerte, er unterbrach mich: »Sie können mir glauben; ich habe fast zehn Jahre meines Lebens darauf verwandt, diese Entdeckung zu machen. Und wenn ich Sie heute in mein Geheimnis einweihe, dann nur deshalb, weil ich Hilfe brauche.«

Wir dachten erschrocken an Lebensgefahr unter diesen Umständen, aber er beruhigte uns mit den Worten: »Einhundertfünfundsiebzig Jahre ist sein Tod her, und niemanden interessiert das hier.« Er atmete wieder tief.

»Der Name kommt aus dem Spanischen: **Cofre** heißt Truhe und **si** heißt einfach ja. Aber man wird sie nicht an Land finden – die Truhe!« erklärte er verschwörerisch im Flüsterton.

Erst jetzt entfaltete er die Karte, legte sie auf den staubigen Höhlenboden und erklärte uns mit fahrigen, großen Gesten: »Hier liegt der Schatz eines meiner Urväter. . . .« Er machte eine lange Pause, wobei er tief atmete, bevor er den Zeigefinger auf die Karte fallen ließ. Dort quirlten Kreise und unregelmäßige Wellenlinien, und wir konnten gar nichts für uns Fassbares erkennen. ». . . in etwa neuntausend Meter Tiefe des Atlantiks, meine Freunde, dort wartet ein ganzes Schiff darauf, gehoben zu werden.« vollendete er seinen Satz. – Er blickte wie im Trance auf die Karte. Seine Stimme versagte fast. Uns sah er erst wieder an, als wir uns mit streichelnden Gesten seinem gequälten Ego näherten. »Ich brauche Hunderttausende Dollar, um ihn zu heben.« – Wir wussten nur ganz genau, dass wir sie nicht hatten. Aber er flehte uns plötzlich an: »Eine Hilfsorganisation wäre eine kulturelle Großtat! Schätze von Weltbedeutung liegen dort unten. – Ihr seid doch im Osten so solidarisch; Ihr werdet es nicht bereuen müssen!« – Uns ärgerte ein wenig, dass er uns plötzlich geduzt hatte, aber wir fühlten auf einmal eine schwer definierbare Klarheit. Ich wusste: Jetzt braucht der Nachwuchspirat Robert zuverlässige Gläubiger, die ihn nicht mit unverschämt hohen Zinsen an ihrem längeren Arm verhungern lassen – wie die Banken, die unsere modernsten Piraten sind. Nein, wir wollten nicht mit Geld handeln, wir mochten die Wahrheit, aber ohne mit ihr handeln zu wollen; sie war uns Abenteuer genug. Mit einem Male blendeten uns mehrere Scheinwerfer und herrische spanische Kommandos rissen uns aus der andächtig gespannten Stille.

Wir befanden uns alle in der Hocke, gebeugt über der Karte. Robert riss der Befehl zuerst hoch: »Senor von Kupferstein! . . .« befahl eine männliche Stimme. Das andere spanisch Gesprochene verstanden wir nicht, aber dass er verhaftet werden sollte, begriffen wir gleich. Drei schwarz gekleidete Uniformierte, die wir als Polizisten erkannten, und ein Zivilist im sehr hellen Anzug mit Sombrero trat wie ein Geist hinter ihnen hervor. Sie waren aus der unserem Weg in die Höhle entgegengesetzten Richtung gekommen. – Also doch ein anderer Aus- oder Eingang. Deshalb der Durchzug, und wir wurden auch alle zusammen dahinaus gedrängt. Die Karte hatte der Zivilist sofort an sich genommen, und Robert konnte mir noch zuflüstern: »Die ist gefälscht.«

Ich war mir ziemlich sicher, dass unser Kidnapping sich nun auf eine andere, unerwartete Art vollenden würde. Mich tröstete nur: Alle Menschen mussten erst mal wieder hinaus aus der unterirdischen Welt. Wir stolperten und rutschen, von den Polizisten immer mal angestoßen, durch den zunehmend glitschiger werdenden Gang. Von den Decken hingen Fledermäuse, und es tropfte gelegentlich. Die Polizisten liefen genau so unsicher wie wir. Sie wirkten in ihren dunklen Uniformen und mit ihren braunen Hautfarbben wie aus den Felsen getreten; nur wenn sie fluchten, waren sie uns sehr ähnlich. Die

Lampenscheine ließen unsere Schatten tanzen, und ich dachte eigenartigerweise an den Merenque. Immerhin: Wir waren nicht mehr alleine mit Robert, und alle strebten zum Licht. Manchmal sandte die Sonne uns von oben Lichtbalken, aber mitunter fielen sie, wenn der Gang eine Wendung machte, so unvermittelt auf uns wie Schwerter und Säbel. Aha, dachte ich, hier werden die Fledermäuse ein- und ausfliegen.

Als wir fast draußen waren, im Parkparadies, wollte uns Robert etwas zustecken, das aussah wie eine Visitenkarte, aber ein Polizist bemerkte es, entriss es ihm und steckte es ein. – Ich dachte an die Polizisten, die unseren Strand im Stammhotel bewachten, sie lehnten mindestens den halben Tag an einer Mauer, dösten oder schliefen dort im Stehen bis ihre Ablösung ihnen die Pistole aus dem Futteral zog. Unsere Reiseleiterin hatte uns eingeschärft: »Lasst euch nicht von der Polizei erwischen, die will bloß Geld.« – Das ist alles nichts für uns bei etwa tausend Mark Rente.

Wir waren zuletzt einen Treppengang nach oben gestiegen und kamen unter der großen Hotelterrasse ans Tageslicht. Es blendete uns alle. Robert nahmen sie gleich in die Mitte und führten ihn weg. Einer der Polizisten ging mit uns ins Foyer, wo er uns dem Holländer übergab und ging. Diesen Manfred kannten wir schon, und er griente uns frech entgegen. Wir guckten wahrscheinlich ziemlich verstört. Er deutete auf die weißen Ledersessel, und wir setzten uns. Dann deutete er in die Richtung, wohin Robert geführt worden war, und meinte, immer noch grinsend: »Dem wird nicht viel passieren, aber die Hausordnung muss er schon einhalten. Bestimmte Bereiche der Hotelanlage sind streng verboten für Fremde und Gäste.«

Später erzählte er uns noch, dass der hellgekleidete Herr der Generalmanager der Hotelkette sei und er wegen des zu erwartenden hohen Besuches gekommen sei. »Er hat den Robert selbst zur Gruselgrotte gehen sehen.« fügte er hinzu.

»Robert heißt Kupferstein?« fragte ich.

»Ja, Kai von Kupferstein; den Namen Roberto Cofresi hat er sich zugelegt.« Er lachte schadenfroh.

Auch Manfred hatte sich lässig in einen Sessel gesetzt, und jeder grübelte vor sich hin. Ich fragte besorgt: »Will die Polizei jetzt Geld von uns?« – Sylli rief sofort empört: »Da mache ich nicht mit!«

Manfred griente wieder, aber hielt den Zeigefinger vor den Mund, denn Sylli hatte zu laut gefragt. Dann winkte der Holländer ab, stand gemessen lässig auf und ging weg; dabei machte er mit dem Kopf mehrmals eine ruckartige und eindeutige Bewegung in die Richtung zum Foyerausgang, die wir sofort verstanden. Wir standen auf, als Manfred hinter einer Seitentür verschwunden war, und ich fasste Syllis Hand fest, schritt rasch mit ihr zum Ausgang und dann sprinteten wir wie beim ersten Mal die Straße hinunter in den Ort, ohne uns noch einmal umzusehen. – Ich atmete so schwer, dass ich erwachte.

Da kam Thomi auf mich zugeschossen, packte mich am T-Shirt und fragte drohend: »Sag bloß, du hast uns nur einen Traum erzählt?!«

So eine Reaktion hatte ich nicht erwartet.

»Lass mich los!« – Ich machte mich von Thomi frei, drückte den etwas Angetrunkenen auf seinen Stuhl und ging zu dem Tisch, wo der schatzsüchtige Schmittel saß, und über ihm der vielfach belächelte Spruch *Säufst stirbst, säufst nicht, stirbst auch* hängt und erklärte ihm und allen Zuhörern: »Passt mal auf: Die Wahrheit liegt immer auf dem Grunde, Leute, wie Roberts Schatz auf dem Grunde des Meeres. – Alle die Schätze, die irgendwo liegen, sind inzwischen Eigentum der Völker. Wer sie sich heute aneignen will, kann für den Aufwand der Bergung entschädigt werden, aber ihn niemals als sein privates Eigentum betrachten. – Die Geschichte hat die Besitzverhältnisse überrollt.«

Natürlich habe ich allen noch erklärt, wie es zu der ganzen Erzählung in Fortsetzung gekommen ist, und dass mir am Schluss der Zufall zu Hilfe kam. Wir hatten keinen Schatz gefunden, der sich in Geld ummünzen ließe, aber dieses exklusive Hotel hatte uns sehr beschäftigt, so sehr, dass wir beide, Sylli und ich, immer mal wieder davon träumten. Als ihr dann so neugierig geworden seid, habe ich zu erzählen begonnen und nebenbei in einem mitgebrachten Buch und in Zeitungen gelesen. Geträumtes und Gelesenes habe ich verdichtet zur letzten Erzählung.

»War es langweilig, Leute??« fragte ich herausfordernd, und erhielt keine eindeutigen Antworten, aber noch nach Monaten erinnert in Thomis Kneipe immer mal wieder jemand daran.

Etwas haben wir aber doch verheimlicht: Ich sparte ein hübsches Sümmchen Geld durch die spendierten Biere, und das war Syllis Idee gewesen, die im Nachhinein noch einen Schatz gewinnen wollte.

Kra–bat?

# PROJEKT FRAUENHOLZ

Der Festausschuss wollte, dass aus der Frauenholz-Story eine touristische Attraktion gemacht werde, aber Viola weigerte sich.

Sie schrieb die Chronik zu »500 Jahre Bad Auenbrunn«. Dazu war sie befristet eingestellt worden im Rahmen einer Arbeitsbeschaffungsmaßnahme.

Es gab nichts als ein paar dürre historische Fakten, einige gesetzte Steine und obszönes, legendäres Gerede neben dem Waldstück, dass den Namen *Frauenholz* trug.

Als dokumentarisch gesichert konnte nur der Verlust eines Grundstückes zur Strafe für den Bauern Ludwig Täubler angesehen werden; es war in die Akten schon vor ein paar hundert Jahren eingetragen worden. Lediglich der Schandstein zur Abschreckung, auf dem das Geschlechtsteil eines Mannes und das einer Frau grob eingeschlagen waren, ist heute noch zu besichtigen.

Viele Fragen konnten nie beantwortet werden. Völlig im Dunkeln blieb auch die Antwort auf die Frage: Wer ist die Frau gewesen?

Die Mitglieder des Festausschusses, allesamt Männer, hatten sich regelrecht festgebissen an dem Projekt. Sogar die Doktoren der Klinik billigten dem »Spielraum der menschlichen Phantasie«, wie sie es nannten, einen gewissen touristischen Marktwert zu.

Schließlich drohte man Viola, der robusten, verwitweten Endvierzigerin, mit der Auflösung ihres Arbeitsverhältnisses, wenn sie sich der Aufgabe nicht stellen würde.

Wenn der Gegenstand im Festausschuss zur Sprache kam, zauberte er allerlei völlig Unseriöses in die Mienen der Männer. Es wurde gegrient, hinter vorgehaltener Hand flüsternd gewitzelt, wobei die Gesichter — je nach Temperament und Charakter — sich lustvoll in runde Plinsen verwandelten, Augen in Falten gelegt, oder sich ihre Pupillen erweiterten und wie aufgehende Sonnen im Gebirge Viola anstrahlten, die da in ihrer chronikdürren Hilflosigkeit grübelnd vor ihnen saß. — Kurz gesagt: Die kumpelhafte Vertraulichkeit der Honoratioren des Ortes ermutigte Viola eindeutig zweideutig mit den Worten: »Viola, du machst was draus!«

Viola ging mit Widerwillen an die Arbeit dieses Chronikabschnittes, kannte sie doch nicht einmal das *Frauenholz* aus eigener Anschauung. Als vor dreißig Jahren Zugezogene hätte sie sich aber gar nicht zu schämen brauchen, da selbst Alteingesessene das Waldstück am Quellgrund nie betreten hatten. Es war Violas Art, sich stets von allem selbst zu überzeugen, bevor sie etwas weitervermittelte. Viele Ortsbewohner hielten es für überflüssig. Ganz neu flammten die alten, schlüpfrigen Histörchen wieder auf, und Violas Name fiel bei jeder Story, selbst, wenn diese Jahrhunderte zurücklag.

Viola wollte zunächst einen Ausflug in dieses brisante Stück Natur machen, und sie nahm ihren langjährigen Nachbarn Jakob, den sie für etwas einfältig hielt, gewissermaßen als männlichen Schutz mit. Sie wanderten den Quellgrund hinauf, wo das *Frauenholz* seinen Anfang nahm.

Unter den lichten Schneisen von Fichten und Laubbäumen, himmelsblau überspannt, gingen sie an einem Spätsommer- oder Frühherbsttag am Quellgrundbach entlang.

Leichter wurden ihre Schritte, leuchtender das Licht im Grünen, ferner auch die Fahrgeräusche von der Straße, und zahlreicher blühten Blumen, Kräuter und Strauchgewächse. Hörbarer wurden auch die Rufe der Vögel und alle zarten Stimmen der Natur.

Ein Flor vor ihnen, dem Frühling entsprungen, dem Herbste entgegenfließend und als Keime schon in Fülle aus dem Grunde strebend. So beobachteten und empfanden sie diesen Gang.

Das Weib Viola sah das alles, roch die würzige Waldluft, der manchmal eine liebliche Süße beigemischt war und freute sich. Mehr und mehr Blüten säumten den Weg der beiden, Springkraut trompetete und schoss pralle Samen, Blutweiderich streckte ihnen seine blassvioletten Kronenblätter und Kelchschlünde entgegen, und manch unbekanntes Gewächs bot sein schönstes blumiges Gesicht.

Noch nahm es Jakob kaum wahr. Er wusste nicht viel vom *Frauenholz*, nur als Kind war er einmal mit Altersgefährten da herumgestromert, und er erinnerte sich eines Gerüchtes, was er im jugendlichen Alter damals begierig aufgenommen hatte. Danach hätte in den Endvierzigern des zwanzigsten Jahrhunderts eine Funktionärin der Freien Deutschen Jugend, in dem Gebäude, einer ehemaligen Villa, die man dann Jugendschloss nannte, eine politische Schule geleitet. Während dieser Zeit sei sie mit einem sehr jungen Mann in das *Frauenholz* immer abends gegangen, und man vermutete amoröses Aben-

teuer, das sich der halbwüchsige Jakob nachhaltig ausgemalt hatte. Der erwachende Mann in ihm hatte damals einem Mädchen namens Evi oft nachgesehen. Mit jedem Schritt wurde diese Erinnerung in ihm lebendiger angesichts des Flors vor ihm, dem Frühling entsprungen, dem Herbste entgegenfließend und als Keime schon in Fülle aus dem Grunde strebend.
Auch Viola erinnerte sich, an eine Erzählung ihres Schwiegervaters: In jenem Schlosse habe die letzte Besitzerin mit ihren Kindern gewohnt, ehe sie 1945 nach dem Westen geflüchtet sei. Sie wäre oft ins *Frauenholz* gewandert, als ihr Mann im Kriege gewesen ist, und man mutmaßte zu einem unerlaubten Vergnügen im Flor, dem Frühling entsprungen, dem Herbste entgegenfließend und als Keime schon in Fülle aus dem Grunde strebten ...
Violas Schwiegervater hatte es stets mit einer ihr damals unverständlichen Anteilnahme erzählt.

Viola fühlte sich merkwürdig gelöst vom Alltäglichen, von sonstigen Zwängen und Vorurteilen, als sie beide so dahinschritten.

Sie erinnerten sich nun auch an Erzählungen noch älterer Auenbrunner. die nicht mehr lebten. Diese hatten gewusst, dass sich um 1865 Folgendes zugetragen haben soll: Ein Mann, der von irgendwoher gekommen war, baute an der Eisenbahnlinie im nahen Flusstal mit, als ein Weib ihn täglich beobachtete. Es hatte ihm beim Streckenbau zugesehen, später soll es ihm Brot und Wasser und was weiß man noch alles gebracht haben. Zweifellos erfreute sie sich am schweißglänzendem Muskelspiel seines nackten Oberkörpers. Und eines Tages liefen beide zum Quellgrund, entlang dem blühenden Flor, dem Frühling entsprungen, dem Herbste entgegenfließend und als Keime schon in Fülle aus dem Grunde strebten.

Mehr und mehr Blüten säumten den Weg ...
Dann verstummten Viola und Jakob und sahen bald nur noch erstaunt um sich: Springkraut trompetete und schoss pralle Samen, Blutweiderich streckte ihnen seine blassvioletten Kronenblätter und Kelchschlünde entgegen und manch unbekanntes Gewächs bot ihnen sein schönstes blumiges Gesicht. Sie rasteten bei einem weißblühenden Sommerfliederbusche auf bunter Auenwiese. Die Sonne wärmte beide von oben, die Erde sie von unten, und der Anblick des Mannes erwärmte ihr das Herz, denn er hatte sein T-Shirt abgestreift. Hinter Busch- und Strauchwerk hörten sie Kühe weiden, Insekten summten, und die Luft erfüllte Minzeduft.

Viola und Jakob vergaßen fast, warum, sie gekommen waren. Wie nie gesehen zeichnete sie mit ihren Fingern seinen Körper nach und er ihre Brüste. Beide streckten sich aus ihren Hüllen; um die Zeichnungen zu vollenden und wiegten sich wie Lippenblütler im warmen Wind. Ein ganzes Bienenvolk schien in ihr zu ihm zu drängen und zu seinem amethystfarbenen, aufgeblühten Stempel, so dass ihre Blütenlippen den süßen Saft nicht und er den erdenheißen Strahl nicht mehr halten konnte. Auch das Kühlen im Bache misslang; ihre amalgamen Körper schienen das Wasser zum Kochen zu bringen und zum wiederholten Male, auch an weiteren schönen Tagen, ehe sie den Schandstein fanden.

Und Viola entdeckte dabei und danach und ganz für sich, dass die Warmwasserader genau unter ihnen in dem Tale verlaufen musste. – Ein Wink der Natur?

Den Festausschuss enttäuschte Viola nicht.

Sie erläuterte kühl ihr Projekt: »Es war nicht eine, es waren mehrere Frauen mit Ludwig Täubler. Schon der Name lässt es vermuten, denn es heißt nicht Frauholz, sondern *Frauenholz*. Der wahrscheinliche Zeitpunkt passt zum Aufenthalt der Kurfürstin, die stets in Begleitung ihrer Hofdamen war. Die blühende Umgebung und so weiter, also Natur pur, lässt es verständlich erscheinen. Vom Frühling zum Herbst unter Sommerflieder – ein ausgezeichneter Abort für Gefühle in der damaligen Zeit. Täubler war bei seinen Kühen gewesen, und die Damen fanden mit ihm, dem gutmütigen Ludwig, ein neues Spiel. – Also zusammenfassend: Ein Natur-Lehrpfad ist gut, aber warum nicht mal einen Liebes-Lehrpfad, meine Herren …?? – Natur passt zu Natur!«

Diese Idee wurde enthusiastisch begrüßt oder es wurde schamvoll geschwiegen.

Die Mehrzahl der Männer aber verlangte mit hintergründigem Lächeln, dass Viola die Projektleiterin werden müsse. Daraufhin erklärte sie, sie erwarte, dass der Leiter des Festkomitees, Doktor Kunkel, die erste Führung leiten würde.

Die Antwort auf diesen Vorschlag sind die Herren bis heute schuldig geblieben.

In die Chronik wurde nichts vom *Frauenholz* aufgenommen. Es blieb ein geheimnisumwittertes Stück Natur.

Ganz ignoriert wurde Violas weltoffene, touristisch einträgliche Idee, die sie am Schluss der Debatte einbrachte: Man könnte aus dem Schandstein einen Obelisken machen zum Gedenken an den ersten deutschen Playboy. »Man bedenke, zu einer Zeit, als das Wort *Playboy* in Europa noch niemand kannte, meine Herren!!« ermutigte sie den Festausschuss siegessicher und fügte hinzu: »Das wäre eine erstrangige Attraktion für Bad Auenbrunn!« Die Männer erwiesen sich aber plötzlich als äußerst genierlich und wollten gar nicht mehr richtig über das Projekt reden, was Viola sehr zufrieden stimmte.

Das Jubiläum ist Geschichte und diese Arbeitsbeschaffungsmaßnahme auch, nur den schlüpfrigen Episoden wird möglicherweise eine weitere in Auenbrunn hinzugefügt.

# SPLITTER DUBROVNIK I
*Ansicht mit retardierendem Moment*

Sonne, blaue Adria und nackte Berge, die ihre grünen Füße darin baden. Das alte Dubrovnik, stark ummauert, auf steilem Küstensporn. Soweit die Ansichtskarte.

Ich sitze gleich hinter der offenen Tür des Cafés am Placa-Stradun in einem der mittelalterlichen Häuser, ergrauter weißer Kalkstein von der dalmatinischen Küste. Die rote Ziegeldachmütze über mir ahnt man nur. Würziger Maestral weht mich an. Eine Taube trippelt herein und äugt nach Fressbarem. Vor der Tür wird mit archaisch dumpfen Schritten getanzt nach einer schwermütig anmutenden Melodie. Ich lausche, genieße das Auf- und Abschwellen der menschlichen Stimmen, das Schlurfen und Tappen der staunenden Menge, unrhythmisch und gemach. Kein Motorengeräusch.

Das Stampfen schwillt an. Der Placa-Stradun, so scheint es, bricht auf wie bemehltes Brot. Tauben fliegen erschrocken über unseren Köpfen. Ein Kind lacht. Schreit wer?

So endet der Sommer. In meinem Bauch, in meinem Kopf tobt die kalte Bora. Gestern schrieben wir den elften September 2001, und »uns geht es gut ...«

# WARTEN AUF ANSCHLUSS

Sie wollen beide auf die deutsche Einheit abfahren – der Alte und der Junge, zwei scheinbar ungleiche Freunde, Martin und Alexander. Ihre Kraftstoffmischungen unterscheiden sich. Martin weiß nur, dass er nie mit einer braunen Mischung fahren wird, und die rote treibt nicht mehr voran. Alexander steuert einen weltweiten, schnellen Kurs der Freiheiten an mit hohem Oktangehalt, egal welche Farbe, dabei will er nur sich selbst gehorchen.

»Steig ein!« Alex, wie er genannt wird, jubelt es beinahe seiner Mutter zu. Martin prüft indessen fernab von beiden seine Abfahrtmöglichkeiten.

Alex's Mutter misstraut zunächst der Sache, fast geräuschlos fährt der PKW von doppelter Trabantlänge an. Ihr Muttergefühl ist geweckt, und sie denkt stolz: Er hat es schon weit gebracht in kurzer Zeit!

Goldstrandfarben, eingefasst in silbernem Rahmen, gleitet der Mercedes glänzend aus der Stadt hinaus, und die Mutter weiß nicht, dass er mit einem Banküberfall zu tun hatte. – Die alten Gesetze scheinen so vergreist zu sein wie die ehemalige Regierung. Alex's Freundin hatte den Wagen eines Tages zu ihm gebracht, ohne eigenen Führerschein und ohne je selbst gefahren zu sein, stieg aus und sagte: »Ich bleibe jetzt bei dir!« Und der Wagen gehörte dazu. Sie lächelte vertrauensvoll, was so viel bedeutete wie: Du kannst fahren wie kein zweiter!

Alex verstand: Abfahren bringt mehr als Warten!

Auch Martin dachte: Das uralte Sprichwort *Wer wagt, gewinnt!* gilt jetzt erst recht.

Majestätisch zog der Mercedes hinaus in den Vorort, einer Rakete gleich und an anderen Wagen vorbei, überholte, ohne einzuholen, bis sich ihm ein grünweißer Shiguli quer in den Weg stellte. – Aber so weit ist diese Geschichte noch nicht.

Martin ist mit der Bahn gefahren, mit der Deutschen Reichsbahn und mit der Deutschen Bundesbahn, und bemerkte die ehemalige Grenze nur am Wechsel der Siedlungslandschaften – graue, verwitterte Gebäude wurden von farbenfrohen Häusern abgelöst. Fahrkomfort, Geschwindigkeit, Sicherheit und solche Attribute interessierten Martin zunächst gar nicht; er prüfte die Vereinigungsbereitschaft der Menschen. Und er will endlich **seine** schriftstellerischen Fähigkeiten bestätigt wissen. Er denkt: Wer sich vereinen will, muss reden. – »Hellhörig« nennt sich eine Wochenendveranstaltung, eine Hörspielwerkstatt in dem niedersächsischen Wolfenbüttel, die er besucht hat. In der sauberen, idyllischen Kleinstadt betrat er ein altes, doch teilweise rekonstruiertes und modernisiertes Gebäude, »Schümannsche Mühle« stand am Eingang zu lesen. Das klang ihm sympathisch. Und hellhörig wollte er schon sein, wenn die Deutschen aufeinandertreffen; er war von jeher lernbegierig. Unter den Räumen rauschte die Oker zuversichtlich ihr ewiges Lied. Alex lernte auch gern, aber er wurde nicht von so viel niederschmetternden Erfahrungen gebremst wie Martin. Unternehmertum stand nun hoch im Kurs, und Alexander bot Getränke für jedermann im Einzel- und im Großhandel, auch zu Udo Lindenbergs erstem Konzert in Alexanders Heimatstadt. Die LKW gehorchten ihm problemlos und nun also auch ein PKW Mercedes. Stolz fährt er den Ort seiner Kindheit an. Seine Gefährten aus früheren Jahren sollten sehen, wie beherrscht, umsichtig und selbstbewusst er in die Zukunft steuert.

Für seine Mutter war es eine Spazierfahrt, für ihren Sohn eine Prestigefahrt bis zur Tankstelle. Dort entdeckte er nach dem Tanken den besagten Shiguli und erkannte eine Lücke zwischen den Fahrzeugen und Zapfsäulen. Er wusste nicht, was die Polizisten wussten, aber fühlte, dass sein Fahrzeug beobachtet wurde; schließlich existierte es erst seit dem Banküberfall seiner zweifelhaften Freunde. – Gas und fort! Zugleich wurde die Beifahrertür des Shiguli aufgestoßen und vom Mercedes blitzschnell gegen ihre Öffnungsseite nach vorn gedrückt. Alex's Mutter bemerkte es kaum, auch nicht, dass der Polizist, der aussteigen wollte, erschrocken zurückgewichen war. Eine Tonne Mercedes-Gewicht hatte das Polizeiauto einfach weggedrückt, und nur ein kleiner grüner Strich zeugte danach noch an dem Nobel-Wagen von der Kollision.

Scharfe Kurve links! Der Wagen schoss davon und der Shiguli hinterher. Bald sahen Alex und seine Mutter erleichtert den Verfolger nicht mehr.

Dieser Tag ging aber für beide Männer und auch für Alex's Mutter völlig unvorhergesehen zu Ende. – Eben noch hatte Alexander seiner Mutter vorgeschwärmt, dass dieses Fahrzeug der beste Beweis für deutsche Wertarbeit sei und ihr gesagt, dass es sicher wie ein Panzer wäre, als plötzlich der Shiguli quer vor ihnen auf der Straßenkreuzung stand. Auch jetzt ging alles sehr schnell: Alexander wurde aus dem Mercedes gezogen, und ein Polizist packte ihn am Kopf und schlug den auf die obere Chromleiste des Wagens, so dass Alex's Kinn aufplatzte und blutete. Die amtliche Kontrolle ergab dann, dass mit dem Fahrzeug alles in Ordnung war; es gehörte der Freundin von Alex, die vorher die Freundin eines anderen gewesen war, und der Wagen war der Polizei mehrmals aufgefallen. Was die Gesetzeshüter aber nicht wussten: Der besagte Ex-Freund saß bereits in Haft. Der Mercedes wurde beschlagnahmt und Alexander musste in den Shiguli umsteigen. Im Interesse der Aufklärung der Sache fuhr er bereitwillig mit und erwartete nach erwiesener Unschuld seine Freiheit, denn in seinem Getränkehändlerleben wartete seine Kundschaft auf frische Ware. Er handelte also im doppelten Sinne zielstrebig und überzeugt davon, dass er der deutschen Einheit dadurch näher kommen wird. Seine Mutter musste mit der Straßenbahn nach Hause fahren und machte sich Sorgen um ihren Sohn.

Martin suchte noch nach seiner Kundschaft, die selbstverständlich Leser sein müssen. Kurz vor der Wende glaubte er sie gefunden zu haben, aber so wie nun die Straßen mit anderen Fahrzeugen belebt wurden, griffen die Leser nach anderen Lesestoffen, als zu denen, die Martin zu bieten hatte oder irgendwelche Besserwisser ließen ihn auf der Strecke. Immer, wenn Martin eine Station erreicht hatte, die ihm eine bessere Fahrt versprach, fuhr man an ihm vorbei. Mit der »hellhörigen« Mühle war es wahrscheinlich nicht anders gewesen.

An diesem Abend, Martin auf einem großen ostdeutschen Bahnhof, wo er auf der Rückfahrt nach Hause umsteigen musste; Alexander, zur gleichen Zeit in ihrer beider Heimatstadt in U-Haft. Es war Nacht geworden und kalt. Martin hatte nicht erwartet, dass nach 22.00 Uhr der Zugverkehr vor der erwarteten Wiedervereinigung dort eingestellt wird, und sein Hörspielentwurf »Warten auf den Anschluss« war durchgefallen, aber in einer Art, die einer Vereinigung spottete. Martin grübelte darüber nach. Nun, auf diesem Bahnhof, wollte er die Kritiken der Rundfunkexperten anhand seiner Notizen in Ruhe prüfen, und er suchte einen Warteraum.

Auf diesem Hauptbahnhof Karl-Marx-Stadt gab es aber in dieser Nacht weder einen Warteraum, noch eine Sitzgelegenheit. Müde Leute sah Martin auf den eiskalten Fliesen sitzen; die Plätze hinter den Gepäckboxen waren alle besetzt, weil der Wind dort nicht so stark durch die Halle pfiff. In Martin echote es ironisch: *Wir sind ein Volk!* – Dann suchte er eine Toilette, aber auch diese Räume waren verschlossen. Notdurft hatte die Übergangswirtschaft nicht eingeplant. Die noch volkseigenen Unternehmen sicherten gründlich deutsch die Werte vor Zugriffen und Beschädigungen Unbefugter. Martin fühlte sich durchaus nicht unbefugt, öffentliche Einrichtungen zu benutzen; er fand einen Park, der nicht verschlossen war.

Alex fuhr auch nicht entmutigt mit. Er war sich sicher, keine Straftat begangen zu haben, und die Sache mit der Kollision an der Tankstelle sah er als reinen Unfall an.

Wer konnte ihm verübeln, dass das Fahren mit einem Mercedes für ihn reizvoll gewesen ist? Es hatte in ihm sogar ein Gefühl geweckt, das dem Nationalstolz nahe kam. Erst wenige Tage zurück lag das Geständnis seiner Freundin, dass der Wagen von kriminell erworbenem Geld gekauft worden war und die ganze Sache noch gar nicht aufgeklärt werden konnte. Der Ex-Freund seiner Freundin saß wegen ganz anderer Delikte. Aber irgendwann hatte der sich eine Verfolgungsjagd mit der Polizei geliefert mit eben jenem Mercedes. Alexanders Zuversicht wurde erst etwas gedämpft, als er in dem ihm zugewiesenen Raum innen keine Türklinke fassen konnte. Da befiel ihn ein beklemmendes Gefühl, das er in der nächsten Zeit nicht mehr richtig loswerden konnte.

Dieses Gefühl hatte Martin schon zwanzig Jahre früher gehabt. Damals war er aufgrund nachgewiesenen Talents in einer speziellen ostdeutschen Hochschule gelandet und hatte am Ende ein Diplom erhalten, aber keine Anerkennung. Er war also nicht angekommen auf der damals roten Station, aber gab nicht auf, selbst wenn er sich manchmal sogar weggesperrt fühlte. Zudem sagte ihm damals einer, der das Wohlwollen der Schulleitung genoss: »Du brauchst noch zehn Jahre bis du so weit bist . . .«

Der hatte recht: Immer wieder fehlte die richtige Türklinke oder ihm mangelte es am Geschick, die für ihn richtigen Türen zu öffnen. Alexander packte es besser.

Und sein Warteraum war warm, er verfügte über eine Toilette, eine Liege, hatte Tisch und Stuhl, nur eben keine Türklinke.

Martin fand eine Türklinke am Rande des Parks, die Tür ließ sich sogar öffnen, und führte zum Warteraum des Busbahnhofes. Und vorher konnte er seine Notdurft endlich verrichten. Ein junger Mann schien eine andere zu haben, er war plötzlich hinter einer großen Linde hervorgekommen und hatte ihn mit der Frage angesprochen: »Guten Abend! Entschuldigung, du — lutschen, saugen?« — Martin begriff nicht sofort, was der mit fremdländischem Dialekt Sprechende wollte, aber als der ihm nach der Hose griff, brüllte er empört: »Hau ab, Mensch!!« — So ein Dialog passte nun wirklich nicht zur deutschen Einheit, nur, dass überhaupt wieder gefragt wurde, passte zu jener Zeit. Noch im Wartraum schüttelte er angewidert den Kopf und musterte die dort herumlungernden jungen Männer misstrauisch, aber die sprachen alle sächsisch. Ein Mädchen wechselte alle paar Minuten seinen Platz. Das brachte die einzige Unruhe in die schläfrige, nächtliche Szenerie von vor sich hinbrummelnden und dösenden Menschen. Manchmal klapperten Bierflaschen in dem unfreiwilligen Nachtlager.

Alexander hatte in dieser Nacht keine Gelegenheit, mit jemandem zu sprechen. Er sprach mit sich selbst, aber nicht irgendeinen Reuedialog führte er mit sich, sondern erfreute sich im Nachhinein an der »geilen« Fahrt mit dem Mercedes, der niemals aus der Kurve fliegt, weil er dieses Kegelrollenlager hat, das ihm unter allen Umständen Bodenhaftung sichert. Auch seine Mutter hatte gesagt, man sitze wie auf der Couch. Die relative Schalldichte ermöglichte auch, die schönsten Hits laut mitzusingen. Das hörte der wachhabende Polizist nach Mitternacht aus Alex's Zelle und verwarnte ihn. Leider sollte dem Jungen das Singen noch vergehen.

Martin hatte sich indessen im Warteraum eingerichtet, auf einer warm anmutenden Holzbank blätterte er in seinen Notizen. Er wollte mit »Warten auf den Anschluss« die brisanten Zustände kurz vor der Wiedervereinigung verdeutlichen; er dachte, er könnte damit den Ostdeutschen ihre Situation bewusster machen und den Westdeutschen etwas von den Ostdeutschen erzählen. Die Themen der fast ausschließlich aus den alten Bundesländern kommenden anderen Teilnehmer deuteten nicht im Geringsten darauf hin, dass Deutschland in diesem Jahr die Welt aufhorchen ließ. Schon die Titel wie »Bring mich nach Hause«, »Zwischen den Stühlen«, »Die Wasserbewohnerin« oder »Badewannen-Dialog« plätscherten ebenso teilnahmslos und separat neben dem historischen Ereignis dahin wie das Flüsschen unter der Mühle. Nicht nur, dass Martin erst am Schluss der Werkstatt zu Wort kommen konnte, er musste sich anhören, dass sein Anliegen »eher etwas für Leute aus der DDR« sei. Von Werkstatt hatte er auch nicht viel gespürt; die Dozenten lobten ihre eigenen Arbeiten und spielten ihre Hörspiele vor. Martin musste also seine Arbeit selbst zu Ende bringen. Aber bezahlen musste er wie alle Teilnehmer.

In dem Warteraum notierte er dieses und jenes und wartete, dass die Zeit verginge. – Manchmal hörte man nur das Ticken der großen Uhr. Wenn die Uhrzeiger knackend weiterrückten, klang es Martin wie das Ablegen eines Messers auf Metall. Deshalb erschrak er auch, als es plötzlich zwischen den Minuten so knackte. Vertieft in seine Überlegungen, hatte er nicht bemerkt, dass zwei junge Männer wortlos aneinandergeraten waren und sich mit ihren Messern bedrohten.

In der Zelle konnte Alexander immer noch nicht einschlafen. Er dachte an die Beichte seiner Freundin im »Goldenen Hufeisen«, einer der letzten Happeldielen, also Pferdefleisch-Gaststätten des Ostens. »Pferdestärke« passte Alex hervorragend, die Vorgeschichte seiner Freundin weniger. Sie hatte sich von ihrem Ex-Freund getrennt, weil sich beide nicht verstanden. Seine Unternehmungen waren alle kriminell und brutal, letzteres Attribut traf auch auf ihre sexuelle Beziehung zu. Alexander verhielt sich klug und einfühlsam, ihn stieß die Lebensart des Exfreundes ab, obwohl er die waghalsigen Unternehmungen irgendwie bewunderte. Es beeindruckte ihn die Unverfrorenheit, mit der andere die kriminellen Vorbilder des Westens kopierten. Aber an irgendeiner Stelle begingen sie immer eine Dummheit. Verfolgungsjagden mit der Polizei, Nachlässigkeiten bei den Unternehmungen und ähnliche Leichtfertigkeiten missfielen ihm. Der von ihm fast geliebte Mercedes war so ins Fadenkreuz der Polizei geraten, und Alex fürchtete nur, er könne seine Unschuld zunächst schwer beweisen.

Schließlich wurde er doch geweckt vom Schlüsselklirren und von energischen Geräuschen auf dem Gang, die in seine Zelle ohne Türklinke drangen.

Martin sprang auf und den Kampfhähnen entgegen, aber das Mädchen war schneller und trennte sie lautstark kreischend, etwa so: »Heee! Seid ihr bleede?! — Auseenander!!«

Martin wollte beide Streitenden packen, aber der junge Mann mit dem Hahnekammhaarschopf wich ihm aus und protestierte: »Hee! Du greifst meine persönliche Freiheit an!«

Martin hatte schon vorher bemerkt, dass die Jungen sich um das Mädchen stritten, aber er wollte sich nicht einmischen. Jetzt rief er energisch: »Lasst das Mädchen in Ruhe; merkt ihr nicht, dass sie euer Benehmen nicht leiden kann??!« — Der andere, der lange, blonde Haare hatte, feixte herausfordernd und grunzte: »Hättst se wohl selber gerne gepimpert, Hee??!« Der Blonde war jetzt erst aufgestanden und sah auf Martin herab, der klein wirkte, ein untersetzter Mittfünfziger. — Da Martin sich zurückzog, stritten sie nur mit Worten weiter, aber ohne die vorherige Schärfe. — »Das war erst meine Ische — klar!!??« — »Aber ich kann ihr mehr bieten, verstehste?!« entgegnete der andere. Martin stutzte nur kurz, dann packte ihn so etwas wie ein pädagogisches Fieber. Er baute sich mitten im Raum auf und dozierte »Jungs, wisst ihr, wo wir hier sind?« — »Klar, in Morxstadt, du Arschloch.« — »In Karl-Marx-Stadt, meine Herren. Und was lehrte uns Karl Marx? ...« — Er erntete Gelächter. Dann fragte einer dagegen: »Du klingst wie een Stabüpauker?« — Leicht irritiert ging Martin zurück auf seinen Platz. »Na, egal, wie ihr es versteht, aber ihr macht auf Konkurrenz, und die hat mit Liebe nichts zu tun, damit macht ihr Liebe nur kaputt.«

»Liebe, du Blödmann, ist doch bloß Sex.« Pause.

Hörbares Atmen. – Martin setzt sich. Provokante Frage des einen: »Bist wohl noch bei der Stasi???«

Der Sprecher spielt mit seinem Messer. – Stasi war das politische Reizwort jener Monate; damit konnte man einen sofort entwaffnen. Es hatte dieselbe Wirkung wie Wind bei Sonnenschein: Er macht frösteln.

Martin bleibt verunsichert und erregt. Die drei jungen Leute setzten sich auch wieder, das Mädchen erneut zwischen die beiden Jungen. Aber Martin hat nun das Gefühl, er sei jetzt die Zielscheibe ihrer Streitlust geworden, und er vermag sich von nun an nicht mehr auf seine Notizen zu konzentrieren. Er fühlt sich beleidigt und ähnlich angewidert wie vorher im Park. Er gehörte nie zu »Horch und Guck«, wie die Stasi beinahe liebevoll von den Leuten im Osten genannt wurde. Sie hatten mit diesem geheimen Machtapparat leben müssen, der schon lange seines Statuses enttarnt, aber immer noch gefährlich war. Martin wusste von einem, der, wie man sagt, nicht bis drei zählen konnte, der nur Klassenfeinde und Genossen kannte; Martin war einer der letztgenannten Sorte gewesen und hatte sein Parteibuch einfach entsorgt.

Jetzt spürt er neben dieser undefinierbaren Gefahr auch Hunger, und seine Augenlider senken sich häufiger. Draußen faucht der Frühjahrswind durch die kahlen Bäume, so dass ihre Äste manchmal krachend zusammenschlagen. Drinnen zerhackt die Uhr die Zeit.

Martin packt seine Papiere in die Aktentasche und beobachtet, wenn ihm die Müdigkeit nicht zusetzt, die Gruppe junger Leute. Noch nie hatte er den Generationskonflikt so brisant empfunden.

Er war einmal ein in die Jahre gekommener Leiter eines Jugendclubs für Kunst und Literatur gewesen; dort hatten sich Martin und Alexander kennengelernt, und es war eine Freundschaft daraus geworden. Als ein verärgerter Jugendlicher zu Martin gesagt hatte: »Du riechst doch schon nach Erde.« fühlte sich Martin äußerst beleidigt, und Alex wusste dieser Frechheit richtig zu begegnen: Er erklärte sich bereit, in dem Faschingsstück, das Martin für den Club geschrieben hatte, August den Starken zu spielen. Der andere wollte es nämlich nicht, hielt es für altmodisch. Später hatten sich Martin und Alexander in der Straßenbahn wieder getroffen und danach oft, denn den Jugendclub gab es nach der Wende nicht mehr.

Der Blonde spielt immer noch mit dem Messer, und wenn der Zeiger der Uhr weiterrückt, hört Martin wie eine Scheibe der Zeit nach der anderen abgeschnitten wird. »Klack!« klingt es metallisch. Manchmal zuckt er zusammen. Natürlich ist er froh, diese Oase gefunden zu haben. Er denkt: Licht, Luft,

Wärme, viel mehr braucht ein Anschlusswilliger nicht, vorerst. Besorgt denkt er: Wenn hier etwas passiert, gibt's nicht mal ein Telefon, die Telefonzelle im Bahnhof ist vielleicht auch geschlossen. Er sehnt die Abfahrtszeit seines Zuges herbei. Auch diese Unentschiedenheit der Wartesituation nervt ihn. An den Wänden: Plakate aus DDR-Zeiten, eins von der Volkssolidarität: *Miteinander — Füreinander* wird gefordert. Die soll auch abgeschafft werden; vielleicht heißt es jetzt: *Durcheinander — Gegeneinander*.

Ein anderes Plakat, schon diagonal zerrissen: Ein Bauarbeiter lacht stolz, fühlt sich als *Sieger der Geschichte*. Er lacht noch für 40 Jahre. »Ob er schon arbeitslos?« fragt sich Martin schläfrig.

Vergangenheit und Gegenwart durchdringen sich. Der Mann auf dem Plakat wird zu seinem vorgesetzten Genossen, der schräg von oben auf Martin herabsieht, plötzlich nicht mehr lacht, sondern ein Gesicht zieht und zischt: »Was hast du dir nur dabei gedacht??!« Martin hatte sich damals gedacht, dass ihm geholfen wird. Nicht eine Produktionsberatung gab es. Kunst war für diese Leute wohl automatisch machbar. Die Mappe mit der dreigeteilten Auftragsarbeit — Chronik des Baukombinats, Reportage und Porträts — hält der Halbblinde in der Hand.

Zugegeben: Die Reportage nur rohbaufertig, die Chronik in der Gründung. Nur in den Porträts konnten sich die Bauleute wohlfühlen. Martin hatte eine viel zu kurze Lehrzeit und sollte schon ein Meisterstück abliefern. — Hat der alleine und kein anderer die Manuskripte gelesen? Der Halbblinde nestelt an seiner Jackentasche, worin er gewöhnlich seine Lupe trägt. — Will er mir jetzt sagen, dass ich die Rolle der Partei nicht richtig dargestellt habe? Dann klirrt es. Martin, erschrocken, denkt: »Die Lupe!« Reißt die Augen auf und sieht in den Händen der jungen Männer etwas blitzen. Kein Messer. Bierflaschen. Die Uhr klackt das Echo.

Martin ist wieder hellwach, aber auch etwas erleichtert; er weiß: Die neue Losung der jungen Leute heißt *Feiern statt Kämpfen!*

Während Martin wartete, hatte Alexander ziemlich fest geschlafen, und der neue Tag brachte ihm Essen und das Erlebnis »Knast«. Die Gänge widerhallten von Kommandos und Rufen, was ihn an die vormilitärische Ausbildung erinnerte, die er so öde und sinnlos gefunden hatte. Und er wartete darauf, dass er aufgerufen würde oder die Tür endlich aufging für ihn, aber er musste lange warten.

Irgendwann im Laufe des Tages passiert es, und er wird so sinnlos befragt, dass er daraus nur erkennt, wie wenig die Polizei von ihm und den Zusammenhängen weiß.

Alexander kam frei Dank einer Kaution. Seine Kumpels, auch die kriminellen, hatten alle gespendet; es war doch eine ganz neue Erfahrung, dass man jemanden aus der Haft freikaufen konnte. Alex konnte noch mehr, er durfte den Mercedes sogar wieder abholen vom Privatgelände eines Polizisten, musste nur 100 Mark bezahlen, erhielt dafür keine Quittung, aber das Vergnügen, den Mercedes wieder fahren zu können.

In der Folgezeit fuhr er noch einige andere Fahrzeuge, die Getränke von Tucher mit seinem weißen Ford Transit, dann mit einem alten Magirus, mit dem er auch zur theoretischen Fahrprüfung für den PKW gefahren ist, denn er hatte zu jenem Zeitpunkt nur den Motorrad-Führerschein und wollte endlich einen auch für einen 7,5 Tonner. Einen Gewerbeschein hatte ihm die Behörde nach seiner Ansage ausgestellt: Ambulanter Verkauf ohne Standort, was ungesetzlich war und die Angestellten nicht wussten.

Er fuhr mit dem W50-Sattelschlepper, den er von einem VEB hatte, bediente nebenher Baustellen. Aber der LKW überstieg nun wirklich die 7,5 Tonnen. Doch Alex fuhr so gut, als sei er schon seit seiner Geburt LKW gefahren. Während Martin sich mit jenem Hörspiel abquälte, prüfte Alexander also die Möglichkeiten, auf einigermaßen legalem Wege reich zu werden. – Die Jahre fraßen den Rest seiner Jugend, und er machte sich einiger kleiner Vergehen schuldig wie Fahren unter Alkohol und ohne Führerschein und Beihilfen zu Tatbeständen anderer. Mehrmals Verhandlungen, und das Gericht verurteilte ihn zu fünf Monaten Haft mit Bewährung, aber im Urteil stand etwas von *verwirrlichtem Tatbestand*, sogar der lange Zeit vermisste Führerschein für PKW von Alex fand sich in den Gerichtsakten wieder. Die Verwirrung nahm vor allem bei den Vollzugsorganen weiter zu. Dass der angehende Häftling bei der Ankunft in der Haftanstalt aus verschiedenen vergitterten Fenstern mit »Hallo Alex!« begrüßt worden war, passte noch in das Bild der Vollzugsbeamten, aber dass der Inhaftierte eines Tages alles doppelt sah, ihm erst ein kleiner Finger, dann die Hand und Arme und schließlich die Beine taub wurden und Alexander ihren Dienst zeitweise versagten, beargwöhnten sie sehr. Schließlich wurde er in ein sächsisches Haftkrankenhaus überwiesen, das sich überfordert vorkam.

An seinem Geburtstag geschieht etwas Unglaubliches: Er darf mit seiner Schwester, die ihn besucht, in einem ganz stinklangweiligen Pförtnerhäuschen sitzen. Dorthin kommt ein Anruf für ihn, den aber nur seine Schwester empfangen darf: Er solle sich schnellstens in einem Spezialkrankenhaus in seiner Heimatstadt einfinden. Dann geht alles sehr rasch, und schon zehn Minuten später fährt er als Beifahrer und unbewacht an der Seite seiner Schwester im

Opel Record dahin. Doch war es erst der Anfang, denn in dem Krankenhaus bekam er ein Einzelzimmer mit Bad und darf einen überaus freundlichen Service genießen. Hübsche Krankenschwestern bedienen ihn, und er fühlt sich wie ein Prinz. Erstmalig spürt er etwas von dem freien Leben, welches er sich erträumt hatte als freier Unternehmer. Erst dort erfährt er, dass er an der unheilbaren Krankheit Multiple Sklerose, erkrankt ist, ein Nervenleiden, welches Muskelschwund zur Folge hat.

Alexander lernt durch Behandlung und Medikamente wieder gehen, kann sogar an den Wochenenden seine Freunde und Freundinnen besuchen, und er darf Besuch empfangen. Auch Martin besucht ihn. – Aber die Haft war nicht aufgehoben, sondern nur unterbrochen worden, und eines Tages muss er wieder ins Gefängnis, weil sich sein Zustand stark gebessert hat.

In der nächsten Justizvollzugsanstalt, der ältesten ihrer Art in Sachsen, die schon August der Starke eingerichtet hatte, muss er sich dem Leben hinter klinkenlosen Türen und vergitterten Fenstern wieder stellen. Aber die ehr-würdigen, mit Glassplittern gespickten Mauern, hinter denen in uralten Zei-ten Mönche gelebt hatten, regten auch zu geheimnisvollen Handlungen an. Aus jeder Ritze strömte die Luft der Demütigen, die auf Tricks sinnen, ihr Leben zu erleichtern, sich Freuden zu verschaffen mit undurchschaubaren Finten, wie seit Jahrhunderten. Alexander ist ein kluger Mensch, findet sein Leben ungerecht und mixt sich einen Brei, der auf die Nerven geht, und schneller als er gedacht hat, wirft ihn die Krankheit wieder um. Seine nicht-kriminellen und kriminellen Freunde interessiert es nun weniger, einige sitzen auch irgendwo selbst. Seine Schwester hilft ihm wieder sowie seine Mutter und Martin.

Nach einem Besuch bei Alexander in der JVA schreibt die Schwester ein Gna-dengesuch an die neue »Landesmutter« von Sachsen, Frau Biedenkopf, und es wird ihm stattgegeben. Die Frau wirkt im Verein für Multiple Sklerose-Opfer. Alexander kann das Gefängnis verlassen, wird nicht so euphorisch begrüßt wie dazumal im Knast, aber von seiner Familie wieder fast uneinge-schränkt angenommen.

Alexanders Organismus ist durch den unfreiwilligen Aufenthalt in den engen Verhältnissen nun manövrierunfähig geworden, bei einem Fahrzeug hätte vielleicht der falsche Kraftstoff ähnliches ausgelöst, ihm versagten die Ner-ven, die schon vorher nicht die stärksten gewesen sind.

Auch Martin kann nicht mehr in seinem Beruf arbeiten, sondern musste ein Angebot annehmen als eine Art Vollzugsangestellter; Beamter durfte er nicht mehr seines Alters wegen werden und wollte es auch nicht.

Er arbeitet in einer der neugegründeten Kfz-Zulassungsstellen; jetzt könnte er Alex häufiger sehen, aber Alexander hat keinen Führerschein mehr, nur eine eigene Wohnung und einen eigenen Hausstand. Die friedliche Revolution fanden sie beide gut – vor zwanzig Jahren.

Jetzt ringen sie weiter um Anerkennung und neue Freunde. Einmal sagte Alexander zu Martin: »Ich fühle mich so alt wie du.«

Die gesetzlichen Grauzonen sind allmählich aufgehoben worden, und die ängstlichen, unsicheren Angestellten wurden weniger. Inzwischen kennt Alex so manchen Polizisten und Beamten, sie sprechen sich mit ihren Vornamen an, und ihnen ist er bekannt als ein sicherer und guter Kraftfahrer, der er gewesen war. Jetzt blicken die Leute dem Alex nach, weil er geht wie ein Betrunkener, weil seine Beine beim Gehen schlenkern, und weil er deshalb öfters stürzt. Die Behörden weigerten sich, ihn Invalide zu schreiben, und die Versicherungen zunächst, ihm Krankengeld zu zahlen, weil er zu wenig Arbeitsjahre nachweisen konnte; als freier Unternehmer hatte Alexander gemeint, keine Versicherung nötig zu haben.

Nun war er *arbeitsunfähig* geworden und musste es auch bleiben.

Trotzdem bemühten sich beide Männer um Anschlüsse. Alexander lernte Kaufmann, Martin das bundesdeutsche Verwaltungsrecht und das Autofahren, wobei ihm Alex vor allem in der Fahrpraxis geholfen hat. Feldwege mussten genauso gemeistert werden wie Dorfstraßen, und es klappte gut. Nur die Fahrlehrer fanden, dass einer, der so alt ist, auch seinem Alter gemäß eine entsprechende Anzahl von Fahrstunden absolvieren muss. Diese Faustregel hatte Martin schon von Alex gehört, doch nicht geglaubt. Er musste einsehen: Die alten Fahrschüler waren eine besonders günstige Profitquelle für die Unternehmen, denn diese Schüler waren ehrgeizig und wollten den Anschluss an die jungen Kfz-Führer und an die der alten Bundesländer. Alexander gegenüber hatte Martin auch seine Fähigkeit bewiesen, einen fahruntüchtigen LKW von Alex nachts um zwei Uhr problemlos aus dem Verkehr der Innenstadt mit seinem Ford Fiesta wegzuschleppen.

Der große deutsche Bahnhof ist schöner und moderner geworden, die Warteräume bieten Fast-Food-Speisen und die Shopping-Meilen reichen bis auf die Bahnsteige, aber Martin und Alexander können sich wenig leisten. Martin hat inzwischen eine bescheidene Altersrente, Alexander wurde von Sozialhilfe auf Grundsicherung umgestellt und muss ständig seine Ausgaben und Einnahmen offen legen.

Martin hat endlich die Zeit gefunden, Bücher zu schreiben, die er schon immer schreiben wollte. Leider muss er sie bezahlen, früher war es umgedreht: ein Verlag bezahlte die Arbeit des Autors. Umgedreht haben sich auch die Eigenschaften der Freunde. Martin ist stürmischer geworden und Alexander muss bedächtiger vorankommen. Sie fahren jetzt oft gemeinsam, tauschen sich aus und warten.

Kürzlich traf Alexander einen Leidensgefährten im Rollstuhl aus den alten Bundesländern, der bekannte, dass er eine »schöne Rente« erhalte.

Alexander weiß nicht, ob er jemals eine Rente bekommen wird.

»In der DDR wäre sie mir sicher gewesen«, antwortete er ihm.

Die medizinischen Spezialisten bestaunen Alexander, weil er noch nicht im Rollstuhl sitzt, und ein Arzt, der ihn einmal gründlich untersucht hatte, erklärte sogar: »Abgesehen von Ihrer Krankheit sind Sie kerngesund!«

Martin kann endlich frei schreiben, aber er ist nach wie vor skeptisch, wenn er von einem Verlag zu einem »glücklichen Autoren« gemacht werden soll allein dadurch, dass sein »Traum vom eigenen Buch wahr wird«. Selbstzufriedenheit hält er für unsozial. Den Kindern und Enkeln kann er auch etwas erzählen, ohne es aufschreiben zu müssen. — Wenn es ein Trost sein kann, so ist es nur eine schwache Freude, meint er.

Martin schreibt weiter.

Sie warten also beide.

Alexander kann sich, Dank freundlicher Ärzte, teure Spritzen geben, sucht immer noch ganz richtig gute Freunde und mit nunmehr vierzig Jahren eine passende Frau.

Oft und etwas traurig denkt Martin an Wolfenbüttel, wo eine Tante seiner Frau lebt, die einmal flehte: »Kommt bald wieder!«, denn ihre Kinder ließen sich selten bei ihr sehen.

Lessing starb dort auch an den Schikanen der Hofclique und verarmt. Die Verleger verdienten stets gut an seinen Schriften. Ein paar Jahrhunderte später hat sich nichts daran geändert. Alexander las von einem extremen Fall. Der Unternehmer Michael Rottmann, der die Bundesrepublik um mehrere 100 Millionen Mark betrog, als er einen ehemaligen Volkseigenen Betrieb für einen Spottpreis erworben hatte, nicht sanierte und fallen ließ, nachdem er genug Geld für sich ins Ausland geschafft hatte. 2010 wird der Prozess gegen ihn mit Rottmanns Freispruch abgeschlossen wegen Verjährung der Straftat.

Alexanders Krankheit verjährt nicht.

Die Geschichte holt ihre Verspätungen wohl nie ein. — Oder ist solches Warten ein Lebenselixier?

# DIE SAGE VON DEN DREI VEREINSBRÜDERN

Es begab sich in Sachsen in jüngster Zeit, als man wieder mehr tun und denken konnte, als man sollte. Da ging die Sage, es werden sich drei Brüder begegnen, die sich kaum gekannt hatten. Ihre Mutter war die gleiche und die Erbanlage auch. Die Mutter hieß Literatur, und die Söhne waren alle schreibgeil. Alles, was sie wollten und nicht wollten, mussten sie mit Grimm in Worte fassen, selbst Humoriges, sonst vermochten sie nicht zu leben. Und jeder glaubte von sich, er sei der bessere Wortefasser. Der eine hieß Asso, der andere Literan und der dritte Fredeau. Jeder hatte einen anderen Vater. Fredeau sagte: Mein Vater ist der freie Deutschland; und es klang wie Heiland. Asso erklärte, von dem unabhängigen Assonanz abzustammen. Literan schließlich war stolz auf den granitnen Dissidentarenaus. Zwar hatte alle drei die Literatur geboren, doch vermochte sie nicht, sie zusammenzuhalten. Jeder wollte für sich frei sein. Asso bevorzugte das Gewimmel mit freiem Volk auf dem freien Grunde der Bunten Republik Neustadt. Literan zog es, gleich Ikarus, in die Lüfte hehrer Schönheit, von den aufwindigen Wolken der Wahrheit getragen. Fredeau, als der Jüngste, gab sich älter und posaunte die Tradition des freien Deutschland ohne Rücksicht auf Gründe und Lüfte, beseelt von verschiedenen Göttern und Geistern. Weil aber Asso, etwas furchtsam, Dresden selten verließ und Literan ständig nach dem europareifen Polen schielte, und nur Fredeau ganz Deutschland durchreiste, von Rhein und Main bis an Elbe und Chemnitz, kam es bisher zu keiner Begegnung. Eines Tages aber schoss es diesem, eines anderen Tages jenem, also immer einem anderen von ihnen, durch den Kopf, dass man sich vielleicht gleiche – wie ein Eis dem anderen.

Wir sind uns nicht feindlich, dachte der eine. Wir wollen beim Schreiben nicht von Schreibunkundigen belästigt werden, konstatierte der andere. Wir wollen alle unsere Wortfassungen auch in die Welt schicken, träumte der dritte. – Sie trafen sich also in diesem und jenem Kopf plötzlich und dachten alle das gleiche und fühlten sich also verwandt.

Doch das Eis schmolz jeweils zur anderen Zeit und in einem anderen Kopf. So glich nicht mehr ein Eis dem anderen in der Hitze des Alltages. Von dieser Zeit an fühlten sie sich nicht mehr wohl.

Eines Tages kam der Onkel Literaturrat und lud sie alle ein. Das war ein so warmer Gedanke, dass sich alle drei zunächst eisig abwandten. Sie wollten lieber nach ihrem Geschmack das Verfallsdatum abwarten, als zu einer sächsischen Soße zu verlaufen. Einer warnte vor Konkurrenz und erinnerte an Marx's Definition, wonach sie alle kleine Warenproduzenten seien. Ein anderer argwöhnte, dass die Stasi dahinterstecken könnte. Einem Dritten passte die unliterarische Betrachtungsweise nicht, und er befürchtete, sich wieder leeren Phrasen und Parolen gegenüber sehen zu müssen. Und als dann noch der Onkel Literaturrat »Schreibolarier unseres Landes vereinigt Euch!« rief, verwehte mit den Worten auch jeglicher Sinn im Nachwendewind.

Was folgte danach?

Man schlussfolgere zu Ende mit den Worten des Anfanges: Es begab sich in Sachsen in jüngster Zeit ... – Und wenn sie nicht verdorben sind, ... Natürlich nicht, und natürlich schreiben sie noch und vor allem: immer besser! – Einen Hut, worunter alle brüderlichen Köpfe passen, hat das Leben schon in Arbeit. Nur geht die Sage, dass das Maßnehmen so schwierig sei.

**Nachbemerkungen:**

Am 30. Juni 2010 feierte die Unabhängige Schriftsteller Assoziation Dresden e.V. ihr zwanzigjähriges Bestehen. – Herzlichen Glückwunsch!

Die Literarische Arena e.V. gibt es seit 1994. Ihr Bestes: Die Zeitschrift »Ostragehege«.

Der Freie Deutsche Autorenverband feierte in Chemnitz am 11. März 2000 sein dreijähriges Wirken in Sachsen.

# TRAUMHAUS UND KARTON

Ich ziehe mich am Geländer hoch; Aufsteigen ist ein gutes Gefühl. Da oben ist mein Hochstand. Bücher, Bilder, Hefte und Stapel von Manuskripten umgeben mich und verbinden mich mit der Welt. Meine Frau nennt den Raum »Bücherstube«. Was dort lagert, gleicht Ferngläsern. Das alte Wort *Aus den Augen — aus dem Sinn* gilt nicht für mich. Ich kann in die Vergangenheit sehen, wenn ich die Schriften lese, die Bilder betrachte. Ich setze mich auf den kleinen hölzernen Stuhl mit der geschwungenen Lehne in einer bequemen und aufrechten Haltung und sonne mich ein wenig in diesem bescheidenen Glück.

»Kommst du?« ruft meine Frau fordernd von unten.

Ich kann noch nicht kommen, ich muss auf den Oberboden steigen; mein Vater nannte ihn »Hahnepennern«; das ist sächsisch. Früher saßen wohl in solchen Häusern oben im Gebälk die Hähne. Ich soll einen Karton mitbringen. – In der ersten Hälfte des 20. Jahrhunderts waren Persil-Kartons beliebt, wegen ihrer relativen Stabilität, sogar in die Literatur gingen sie ein als Statussymbol für Verarmung, begleitet von Ruhelosigkeit; man trug seine Habe darin mit sich herum als Glückssucher.
Es muss hier auf dem Oberboden aber auch entrümpelt werden.
Ein warmer Südwestwind zieht durch die Dachziegel. Er kommt von dort, wo das Haus meiner Eltern stand, wo ich aufgewachsen bin. Es wurde abgerissen, der Baugrund dieses Hauses, worauf unser »Ersatzgehäuse« steht, gehört uns nicht, auch ein Fachwerkbau und mit einigen Möbeln meiner Eltern und anderer Leute von uns ausgestattet. Unsicher als Standort. Bereits Ende des 20. Jahrhunderts sollte es abgerissen werden. Wir haben es erhalten und etwas verschönert. Die Türen bemalte ich mit vornehmlich blühenden Pflanzen der Heimat. Jetzt leben wir schon im 21. Jahrhundert, und mancher Zeitgenosse knurrte schon geringschätzig: »Die alte Bude …«
Werden die neuen Immobilien so lange durchhalten?
Mir scheint, auch die Menschen hielten früher länger stand.

»Hast du den Karton?« fragt meine Frau von unten.

Ich drücke die schwere Bodenklappe erst mit dem Kopf, dann mit dem Arm auf.

»Ich muss ihn noch finden!« rufe ich hinunter.

Wenn uns die Umstände dazu zwingen, werden wir entrümpeln müssen. Aber auf diesem Oberboden ist alles gestrandet, was einmal wichtig erschien oder zumindest nicht des Wegwerfens wert. Unter dem Spitzdach brütet schon wieder die Hitze.
Wir wollen abfahren, denn der Regen ist vorbei. – Ich denke an den Abriss, er schmerzt mich jetzt schon. *Rückbau* ist der neumodische, ziemlich technisch klingende Ausdruck für Abriss zur Sicherung des Marktwertes eines Grundstückes, aber er ist auch eine Vernichtung von Gebrauchswerten und Kulturgütern.

In alten Koffern und Kisten sind diverse Papiere, kurzzeitig aus dem Weg geschafft, aufgehoben zur besonderen Verwendung – z.b.V. – nennt man das beim Militär oder in den Verwaltungen. Hier hat es niemand draufgeschrieben, hier mahnt keiner. Und dennoch: Auf dem »Hahnepennern« wird mir heiß.

»Ich komme gleich!« rufe ich hinunter.

Wie lange ist gleich? – Gleich nach dem Tode meines Vaters las ich achtungsvoll und manchmal erstaunt seine Autobiographie und wollte sie für andere lesbar machen. Ich glaubte, sein Leben zu kennen, aber es bauten sich so viele Fragen vor mir auf. Es bedrückt mich heute noch, ihn nicht befragt zu haben. Er starb vor 27 Jahren.
Das Gewicht der schweren Papierstapel, die ich fast selbstvergessen aufhebe und umschichte, wiegen weniger als die offenen Fragen.
Die Sommerwärme lastet auf dem Dach. – Die Menschen sind Geburtshelfer der Erderwärmung, heißt es. Was sind die Leben meiner Leute noch wert? Die sind auch Schuld an diesem erdumspannenden Prozess. Die alten Öfen, die alten Schornsteine, einige fuhren Autos, arbeiteten in maroden Betrieben. »Dreckschleudern. Kannste alles vergessen!« höre ich sagen. Soll ich meine Leute vergessen? Wenn ich sie vergesse, vergessen sie andere Men-

schen auch. Ich kann von ihnen erzählen, von anderen schrieb ich Geschichten.

Ich lüfte hier eine Plane, schlage dort eine Decke zurück, die Dielen knarren. Das Haus ist 230 Jahre älter als ich. Auch unsere Leben lösen sich auf. In den Kindern weiterleben? Irgendwie schon, aber sie sind andere Menschen.

Unwiederholbar sind auch jene, die keine zustellbare Adresse mehr haben. So heißt es im Beamtendeutsch heute. Die »Unzustellbaren« lassen uns etwas ratlos zurück. Irgendwann wird an dieser Stelle einmal nichts mehr darauf hindeuten, dass hier ein kleines Haus gestanden hat – Hinterhaus, Auszug, Gedinge genannt für die abgeschriebenen Alten.
*Erde zu Erde* ist nur die halbe Wahrheit. Nichts mehr spricht zu uns, die Vergessenen gleich gar nicht.
Mein Blick sucht einen Karton, ich suche Antworten.

Meine Frau ruft mich beim Namen. Ich antworte ihr: »Gib mir noch zehn Minuten!« Sie gibt sie mir.
Unser Dach dampft. Ich denke: Tote atmen nicht.

Aus einem Koffer, gefüllt mit gebündelten Papieren, nehme ich meines Vaters handschriftliche Lebensgeschichte. Ich legte dafür eine rote Mappe an; er lebte sozialdemokratisch.
Mir klingt im Ohr: »Gerümpel in der alten Bude«.

An seinem achtzehnten Geburtstag wurde mein Vater schuldlos inhaftiert, nach Wochen freigelassen, damit er in den Ersten Weltkrieg ziehen konnte. Seitdem lernte er Kriege hassen und Frieden erstreiten, dafür gab er alles, beinahe auch seine zweite Familie, wozu ich gehörte. Ich kannte ihn vornehmlich als politischen Menschen unter verschiedenen Fahnen mit dem gleichen Ziel: Anderen Gleichgesinnten, Armen, Arbeitern helfen, selbst, wenn es dem Hilfesuchenden besser ging als dem Helfer. »Hast du dich geirrt, Papa?« frage ich leise. Ich werde die rote Mappe mitnehmen.
Ich suche weiter und finde eines der vielen Fotoalben meiner Mutter; sie arbeitete als Fotolaborantin. Ich klappe es auf und meine Großmutter sieht mich an. Sie entdeckte Amerika für sich. Es gibt nicht viel mehr als ein paar Fotos und die Erzählungen meiner Mutter von ihr. An der Schwelle vom 19. zum 20. Jahrhundert fuhr sie mit einem Kind »über den großen Teich«, ein

Kind ließ sie in Leipzig, mit Dreien kehrte sie nach Deutschland zurück, eins davon war meine Mutter. Ohne Mann brachte meine Großmutter alle Kinder durch Kriegs- und Notzeiten. Das Leben hat ihr kaum etwas geschenkt außer den Kindern. Im ersten Weltkrieg lernte sie einen sehr handfesten Beruf, und arbeitete als Schlosser – die erste Schlosserin im Lande. – Ich habe sie als zerbrechliche und alte, gütige Frau erlebt.

Dem Album entnehme ich zwei Bilder und schließe den Koffer.

Die »Unzustellbaren« lebten nicht nur vor uns, sie lebten uns auch etwas vor.

»Hast du den Karton?« fragt meine Frau von der Treppe her. – Ich blicke suchend umher.

»Noch nicht.«

Beinahe hatte ich vergessen, nach ihm zu suchen, aber ich verschweige es vor ihr. Ist das unehrlich und unanständig?

Meine Leute lebten ihre Leben so anständig sie konnten. – Ich setze mich auf eine Holztruhe und lasse einige vorbeiziehen – die Gesichter, die Gestalten, manche mit typischen Gesten oder Mienen. Und alle konnten fröhlich sein, auch zu unerfreulichen Zeiten. – Wenn mein Vater sich freute, strich er genüsslich mit der Zunge über beide Lippen und riss die Augen weit auf. Das tat er auch einmal als er jene Story erzählte, die zur ersten Inhaftierung seines Lebens geführt hatte. Aus seinem Mund erfuhr ich sonst meistens Politisches, diese Episode erzählte er angeheitert, weil Geburtstag war oder vielleicht einfach nur mein Besuch zu Hause gefeiert wurde, ich weiß es nicht mehr. Aber ich konnte mir gut vorstellen wie er vom Feld fuhr mit dem Zweispänner. Die Pferde strebten schneller dem Hof zu als sonst, denn ein Gewitter zog auf. Noch beschien die Sonne die große Wiese am Bach, noch duftete das Heu auf dem Wagen wie ein Fuhre köstlicher Kräuter, aber am Horizont blähten sich schwarze Wolken wie Trauertücher über den sonnigen Hügeln. Das Grollen in der Ferne und das Wetterleuchten beunruhigte die Pferde. Mein Vater sah besorgt dahin, denn zwei Fuder musste er noch einfahren. Er saß auf dem schmalen Brett des Bockes und hinter ihm kicherte im Heu das Mädchen, das sich in ihn verknallt hatte. Sie zerrte an seinem Hemd und griff ihm von hinten in die Hose, kreischte manchmal laut oder schnaubte ihren Atem in sein Genick. Es beunruhigte ihn nicht minder als das Gewitter. Die abzuerntende Haselwiese lag gut drei Kilometer vom Hof entfernt, und es gab keine Zeit zu verlieren. Das wusste auch das Mädchen. Selbst nahm sie ihm die Zügel aus der Hand. Sie hatte ihn so verwirrt. Er dachte: »Wenn nur alles schnell vorbei ist«, und er wehrte sich kaum. Sie band die Zügel an der Bremskurbel fest, dann riss sie ihn hinterrücks vom Bock ins Heu, wo sie seinen jugendlich sehnigen Körper knetete wie Teig. Er konnte nicht widerstehen. Etwas Heu machten sie nass noch vor dem Gewitter. Das ganze Fuder aber zogen die Pferde unbeirrt nach Hause, und Heu und Menschen kamen trocken in die Scheune. Auch die nächste Fuhre schafften sie im Trab. Es gab jedoch einige Nachspiele ganz unnatürlicher Art, die jenes liebestolle Mädchen erzwang. Als mein Vater ihr sagen musste, dass er sie nicht lieben würde, nahm das Weib diese Wahrheit nicht hin und sann auf Rache. Eines Tages brannte das Gut ihres Vaters, und sie sagte aus, er habe davon gewusst. An seinem achtzehnten Geburtstag wurde er als Mitwisser verhaftet und verlebte diesen und viele Tage danach im Untersuchungsgefängnis Freiberg. Mein Vater sah es damals noch als Gottes Wille an.

Er beteuerte dem Untersuchungsrichter viele Male, dass er nichts von der Absicht gewusst habe. Auch der erbärmliche Anblick des Mädchens bei einer Gegenüberstellung verleitete ihn zu keinem Meineid. Erst des deutschen Kaisers Wille erlöste ihn, als er aus der Untersuchungshaft entlassen, schnell rekrutiert und als Soldat nach Frankreich in den 1. Weltkrieg geschickt wurde. – Mein Vater ist relativ gesund nach Hause gekommen. Zwei seiner Lieblingspferde hatte es zerfetzt. – »Ein Mensch ist auch nur ein Pferd«, sagte er einmal zu mir, und viel später begriff ich: Er selbst war einer, dessen Glück darin bestand, dass er stets davongekommen war. Er ist immer mal wieder in seinem Leben beschuldigt worden, und ich glaube so etwas kann sich vererben. Doch ich werde nicht mehr mit ihm reden können, und meine Zeilen werden ihm nicht zugestellt.

Unsereiner erbt nicht Güter und nicht Namen.

Über mir schwebt ein Dachbalken, der zweimal geschient ist. Wenn ein großer Greifarm das Dach eindrückt, wird der geschiente zuerst brechen und in der Mitte des Daches splittern die Stützbalken. Vielleicht röcheln sie auch nur ein wenig, weil der Holzwurm, schon ewig drin ist. Aber so viel Holzmehl wird es nicht mehr; man sagte mir einmal, nach hundert Jahren sei Holz nicht mehr fressbar für diese Tiere. Wenn dem Haus seine Schädeldecke gebrochen wird, werden sie an der südlichen Ecke weitermachen. Kommt aber der Abbruch zu früh, …

Ich wage nicht weiterzudenken. – Hier ist doch kein Gomorra, kein Babylon, kein Stalingrad!

Ich reiße einige Abdeckungen weg. Die Staubwirbel, die in die Sonnenlicht-bahnen geraten, blitzen mit Sternen; es sind die kleinen braunen Birkensa-men, und ich denke an die Abende als ich mit meinem Vater in den Himmel sah. Wenn er nicht armer Landleute Kind gewesen wäre und stark sozial den-kender und fühlender Mensch, hätte er Meteorologe werden wollen; er ver-mochte das Wetter genau zu bestimmen.

Lange vorher, als er sein Dorf verlassen hatte, weil er weiterhin als einer ange-sehen wurde, der »gesessen« hatte, brachte er es in einer Papierfabrik bis zum Maschinenführer.

Wieder blättere ich nachdenklich in seinem Bericht und finde Briefabschrif-ten von 1933/34. Damals führte er einen nervenaufreibenden Briefwechsel mit dem Deutschen Fabrikarbeiterverband, einer Gewerkschaft, und der Firma, einer Papierfabrik, bei der er arbeitete.

Erst warf man ihm Unterschlagung von Geldern der Gewerkschaft vor, die für soziale Zwecke verausgabt wurden, schließlich beließ man es bei dem Ver-dacht von »Unregelmäßigkeiten in der Geschäftsführung«. Nachweisen konnte man ihm nichts, weil er unschuldig gewesen war, aber die bloße Ver-dächtigung wurde zur Verleumdung, und sie hatte Folgen. – Wieder ein mit-wissender Brandstifter?

Mein Vater war der langjährige Vorsitzende der SPD-Ortsgruppe gewesen, die sich selbst aufgelöst hatte im Angesicht der drohenden Machtübernahme der Nazis, und außerdem war er der Vorsitzende des Fabrikarbeiterverbandes in der Region, den die Nazipartei mit neuen Leuten in der Führung zur Deutschen Arbeitsfront gemacht hatte.

Am 5. Januar 1934 erhielt er die Kündigung seines Arbeitsverhältnisses. Seine Jungen hatten den Brief auf das Schuhschränkchen an der Küchentür gelegt, wo Straßenschuhe mit Hausschuhen gewechselt wurden, wenn man eingetreten war. Nur sein Sohn Hans war da, der Zwölfjährige, als der Vater von der Frühschicht kam. Rudi, der Neunjährige stromerte irgendwo drau-ßen, aber er hatte den Küchenherd geheizt. Papa nickte dankbar in die ihm entgegenwehende Wärme, öffnete den Briefumschlag, und las wieder und wieder das Schreiben. Murmelnd fluchte er, murmelnd formte er seine Ver-teidigung und seinen Widerspruch. Am Sonnabendnachmittag, nach der letz-ten Frühschicht der Woche, hackte er Holz wie besessen. Seine Jungen frag-ten ihn vorsichtig aus bis er ihnen sagte, dass er arbeitslos werden würde. Da sahen sie ihn zum zweiten Male in ihrem Leben weinen. Zornig rief er: »Die Nazis zwinge ich, mir Verfehlungen nachzuweisen! – Sie können es nicht!«

Am Sonntag, als die lange schmale und feuchte Küche dämmerig im Kerzenlicht lag (Sparen mussten sie schon lange.), schrieb er einen Antwortbrief.
Der Briefwechsel dauerte bis März. Die Zustellbarkeit funktionierte noch
im Deutschland der Vorkriegszeit – egal ob Wahrheit oder Lügen zugestellt
wurden. Mein Vater war schon entlassen, aber er kämpfte um seine Ehre, um
seinen guten Ruf als ehrlicher, gewissenhafter und solider Mensch. Irgendwann hat die Deutsche Arbeitsfront ihm mitgeteilt, warum er entlassen worden ist: Aus politischen Gründen.

Als er sich mit dem Gedanken trug, gegen sich ein gerichtliches Ermittlungs-
verfahren zu beantragen, scheiterte das – oberflächlich gesehen – an einer
Briefmarke; er hatte keine. Er schimpfte, und seine Söhne hörten es. Hans
brachte ihm eine Hindenburg. »Woher hast du …?« fragte der Vater. – »Ich
hatte mir mal zwei Marken vom Taschengeld gekauft als Mutter im Krankenhaus war, Papa, die zweite brauchte ich nicht mehr.« – Am 3. Mai 1932
war die Mutter von Hans und Rudi, die erste Ehefrau meines Vaters, gestorben. – Mein Vater hat den Brief nie abgeschickt und erhielt wieder Arbeit in
seinem ehemaligen Betrieb, weil er sich schließlich den Nazis angepasst hatte,
auch seinen Söhnen zuliebe.

Ich erinnere mich, dass sich in unserer kleinen Stube die Kleidungsstücke bis
an die Zimmerdecke türmten und zum Spielen wenig Platz war. »Es ist für
eine gute Sache.« hatte er sich und uns eingeredet. »Volkswohlfahrt« und
»Winterhilfswerk« hießen die Sammlungen für Bedürftige, die mein Vater
ehrenamtlich und im Auftrage betrieb. – Als die Auftraggeber 1945 weg
waren, wurde er erneut als Helfershelfer beschuldigt. – Nicht genug, dass er
als Über-Vierzigjähriger auch in den Zweiten Weltkrieg ziehen musste,
danach wurde er erneut arbeitslos. Erst im ostdeutschen Nachkriegsstaat
durfte er arbeiten bis zur Rente und starb arm, aber geehrt als ein ehrlicher
und zuverlässiger Genosse, als ein Mensch, für den der *Rückbau* etwas Schmerz-
liches und dennoch Natürliches war, was es einmal zu beweisen gilt. Die
Wende, die »Friedliche Revolution« heißt, hätte er ohnehin nicht überlebt;
er wollte ein durch und durch soziales Deutschland, eine gerechte Heimat.

Ich habe die Truhe aufgedeckt, worauf ich sitze. Helles Holz, möbelmale-
risch bearbeitet, zwei schwarze noch nicht rostige Griffe auf beiden Seiten.
Ich packe den Metallknopf des gewölbten Deckels und hebe die Welt aus,
worin einige meiner Träume ruhen: Manuskripte, die Bücher werden sollten,
Zeichnungen, die Gemälde werden sollten, und finde auch schlichte Arbeits-
hefte aus der Zeit meiner Berufsausbildung zum Maler für räumliche Deko-

ration, so hieß der Beruf damals. Ich blättere darin und finde ein prächtig gemaltes Pfauenauge, dazu Farbskalen und Harmonieübungen für die Gestaltung eines Hauses, den Farben des Schmetterlings entnommen. Ich habe weder ein solches Haus gestalten können, noch je besessen. Hier bemalte ich nur die Türen zu den Erinnerungsschätzen. Plötzlich eine Stimme neben mir, vorwurfsvoll, ungeduldig: »Das ist doch nicht der Karton!« Ich sehe meine Frau nur kurz an und nehme trotzig noch ein schwarzes Bündel aus der Truhe, Wachstuch. Ich wickele es aus – Briefe. Gemeinsam entziffern wir Adressaten und Absender.

Unser ehemaliger Nachbar schrieb sie aus einem Gefängnis an seine Gertrud. Er schrieb sie in alter deutsche Schrift – spitz und steil – stilistisch der Gotik nahe. Wieso … von dort?

Warum war er dahin gekommen? – Wir wissen nur, dass er sein altes Dresden über alles liebte, so dass er sein restliches Leben lang nicht mehr in das Stadtzentrum ging, nachdem er, ein Schöngeist, geholfen hatte, die bleischweren Überreste der Stadt zu beseitigen. Kriegstrümmer und Neubauten bereiteten ihm gleichermaßen Unbehagen; er lebte am Rande Dresdens noch dreißig Jahre so nah entfernt.

Meine Frau und ich sehen uns an. Man müsste Worte finden. – Sie greift nach einem Kasten. Er enthält Diapositive von ihrem verstorbenen Bruder, vornehmlich aus Urlaubszeiten mit verschiedenen Frauen. Als er sich entschieden hatte, baute er sich und seiner Familie ein unantastbares, eigenes Nest in seinem Sachsen. Plötzlich wollte ihn die Frau nicht mehr, und er suchte seine Menschenrechte in einer ausländischen Botschaft. Die Stasi wies ihm einen Bau zu, den er nicht verdient hatte, und ich dachte wieder einmal an meinen Vater. Schließlich wurde er Austauschobjekt in Berlin, ausgehandelt auf der Glienicker Brücke. Er starb geistig umnachtet und von Medikamenten aufgeschwemmt fern seiner Heimat im Westen Deutschlands.

Wir schließen die Truhe, finden einen Karton, und ich nehme die rote Mappe, den Lebensbericht meines Vaters, und die Fotos von meiner Großmutter. Die Mappe schlage ich noch einmal gedankenverloren auf und lese, dass meines Vaters Lieblingsfarbe Blau gewesen war. Sie passte besser zu seinem früheren Berufswunsch: Meteorologe. Er ist ein schlanker, kräftiger Mann gewesen, der gerne Wind und Wetter trotzte. Ich denke an seine letzte Zeit, als er altersgeschwächt war und glaube, er ist sehr traurig gewesen. Was hatte er nicht alles erhofft vom Leben! Vermutlich waren ihm die Zeitungen den Meineiden näher als den Wahrheiten. Er las damals nur noch die Überschriften darin. Sein Leben fand auf diesen Seiten kaum Platz. – Ich begriff es erst viele Jahre danach.

Vielleicht war sein einziges und größtes Glück, gelebt zu haben wie ein guter Mensch – so unversehrt als möglich. Das ist es, was ich von ihm geerbt habe.

Wir reden ein bisschen hin und her. Meine Frau gesteht, dass sie gerne Musik gemacht hätte, aber sie besaß nie ein Instrument und konnte keins spielen lernen. Ich denke: Die Träume von unseren unerfüllten Wünschen machen unsereinen gleich. Ich muss endlich alles zu Ende denken. Jene Gleichheit wurde uns vermacht. – Ich werde schreibend weiterdenken und die »Unzustellbaren« mitreden lassen – vor unserem eigenen *Rückbau*.

Dieses ganze Haus ist mein Karton.

# SPLITTER DUBROVNIK II
*Eindruck, Einfall, Abfall*


Das Salz der Adria noch auf den Lippen, stehe ich vor Ivan Gundulic, dem Goethe der Kroaten. Sehr hoch auf einem Sockel steht er jugendlich-kühn und sieht ernst zu den schieferblauen Tauben auf den roten Dächern. Mich und die brandende Menge unter ihm sieht er nicht. Sie überschwemmt den Platz seines Namens träge und selbstgefällig.
Es ist Markt dort, und die Gerüche überlagern sich.
Gundulic bleibt überlegen.
Anders sein berühmter Kollege Marin Drzic. Zu ihm kommen im Herbst nur wenige Leute, ins Hotelviertel Babin Kuk. Dort sitzt er, lächelt und schreibt in Augenhöhe mit den Menschen. Die Kinder haben seine Füße, Knie und sogar Schreibstift und Papier golden gewetzt. »Schreib das auf!« sagt er sich, wie früher, als er noch Komödien schrieb, obwohl die Schauspielerei verboten war. Er lebte vor Gundulic. – Ein kroatischer Lessing? – Das kleine, rotbetuchte Theater von Dubrovnik trägt seinen Namen und spielt manchmal seine Stücke. (Macht er neue in Babin Kuk?)
Meine Kreise um das Gundulic-Denkmal werden gestört. Von seinem sonnennahen Haupt muss ich mich geblendet abwenden; die vier Reliefs am Sockel interessieren mich. Sie zeigen Szenen aus seinem »Osman«, dem Nationalepos.
Mein Versuch, mich mit der bildkünstlerischen Arbeit vertraut zu machen, misslingt mir, da vor König Vladislav zu Pferde, dem Befreier der Kroaten, sich ein junger, großer Mann breit grinsend auf die Stufe setzt, und vor den Greis Ljubdrag, der über Dubrovnik meditiert, ein dicker Tourist seine Reisegesellschaft dirigiert, um sie zu fotografieren, was mich weiter treibt zum Bild der Entführung von Sunicanica in den Harem des Sultans, aber eine gequälte, verängstigte und verarmte Frauensperson sitzt dort und schreit mir stumm mit wehem Blick zu: »Lass mich! Geh weiter!« Ich tue es, um, aber nur für ein paar Sekunden, den Priester Blaz das christliche Heer segnen zu sehen, denn der Himmel verdunkelt sich plötzlich, und Hunderte Tauben fallen ein.
Das Markttreiben erstarrt. Ich stehe gebannt. Die Tauben beherrschen den Platz. Man kann keinen Schritt tun. Sie nehmen flink, was sie finden, und

auf einmal fliegen sie wieder auf. Ein Zeichen? Eine Mahnung? Eine Erinnerung?

Die Menge rührt sich und palavert wieder. Meine Frau bringt überreife Weintrauben, die faulig-süß riechen. Sie wäscht Taubendreck aus meiner hellen Weste. Danielo meint, er bringe Glück. Der faulig-süße Weingeruch bleibt mir.

Gundulic, mit Grünspanlocken und Grünspanmantel, steht ungerührt, eine stolze Zypresse im alten Dubrovnik. Bei ihm ist die Luft noch rein, der Blick noch frei.

Wo muss man sein: Bei Gundulic oder Drzic?

# BAUM AM WEG
*Kurz-Porträt zu Joachim Nowotny*

Er rollte schneller neben mir. »Ich muss nach Hause, meine Krankenschwestern kommen.« – Seine Frau starb; ein Sohn kümmert sich um ihn.

Wir begegneten uns nach mehr als zwei Jahrzehnten auf der Straße jener mir etwas fremd gewordenen Stadt, wo er schon vorher gewohnt hatte und noch wohnt. Ich grübelte soeben darüber, in welchem Hause sein Name am Klingelschild steht, da spürte ich die Nähe eines Menschen. Mir war als wollte mich jemand von hinten an der Schulter packen und zu sich herumdrehen. Doch die erwartete Handlung blieb aus. Ich blickte ins Leere als ich mich umwandte. Mein Verstand wies mich zurecht. Mein Gefühl formte das Bild eines fehlenden Baumes. – In meinem ehemaligen Heimatdorf, das ich öfters besuche, hatte er mir jahrelang in der Kurve bergauf als Signal zum Schalten gedient. Die eine Leere war der anderen verwandt.

Eine vertraute Stimme holte mich in die Wirklichkeit. Das leicht rollende, Lausitzer *R* gehörte zu meinem ehemaligen Lehrer. Ich spreche von dem Leipziger Schriftsteller. Er hatte mich frühzeitig mit »Kollege« angesprochen Ich nahm es als Anerkennung auf Vorschuss. Ebenso ist mir ein Ast jenes Baumes eine Art Wink gewesen zum Weiterfahren, wenn ich heruntergeschaltet hatte. Anderen Lehrern und Mitstudenten missfiel meine langsame Gangart. Aber ich konnte nur so die Tunneldurchfahrt anfahren. Es kamen einem oft Rücksichtslose entgegen, mehr als in meine Richtung fuhren. Jetzt steht von dem Baum nur noch ein Stumpf, und der Lehrer sitzt querschnittsgelähmt im Rollstuhl.

Das Hochstemmen aus dem Gefährt war ihm nicht möglich. Näher wollte er mir sein. Aus seinem Händedruck für mich spricht noch der ehemalige Zimmermann zum ehemaligen Maler. Der Lausitzer Dialekt verrät seine Heimat, die er auch zu seiner Schreib-Landschaft gemacht hat. Alle seine vielen Geschichten haben diese Pfahlwurzeln, die tief in den Heidesand reichen und die kräftigen Äste, verzweigt filtern sie genau diese Lausitzer Atmosphäre.

Wenn er vor die Klasse trat – kräftig gebaut, dunkel kiefernkuschelartig das Haar, etwas bedächtig beim Reden, keine Quasselstrippe, kein Schönredner —, wusste ich: Den kenne ich! Aber ich betrachtete es damals sehr nüchtern, glaubte, mein Gefühl täuscht mich, denn wir sind uns vorher nie begegnet. Ihm war das Institut für Literatur in Leipzig Bewährung und Prüfung vielleicht, für mich eine Art Tunneldurchfahrt, beklemmend aus Freude am Wachsen des Schöpferischen in mir. Das Erkennen beglückte mich mehr als ich es umzusetzen vermochte. Joachim verstand mich vermutlich, und ich verdanke ihm, dass ich das berühmte Licht sah.

Übrigens ist die Durchfahrt in meinem Dorf eine Eisenbahnunterführung und erinnert mich auch an ihn. 1972 reisten wir gemeinsam in einem Schlafwagenabteil nach Moskau; er hatte schon Freunde am Institut »Maxim Gorki«, und mit mir bummelte er zuerst durch die Stadt. Alles war neu und aufregend für mich, er verstand und akzeptierte es. Dass er auch mein Fürsprecher war, als es um die Delegierung nach Moskau ging, erfuhr ich erst lange nach seinem Unfall.

Wie es auch immer zu seinem Sturz vom Baugerüst gekommen ist, irgendwie war er ein Opfer. Sein Wochenendhaus in der Lausitz sollte der Braunkohle weichen. Er baute ein neues, näher an Leipzig, und dabei ist es passiert.

Eines der letzten Bücher in der Reihe »Schriftsteller der Gegenwart« im Verlag Volk und Wissen 1989 war Joachim Nowotny gewidmet. Der Umschlag zeigt eine Baumscheibe; man kann die Jahresringe zählen.

Als er gestürzt war, hatte er dreißig Jahre als freischaffender Autor gearbeitet. Ich war in der Lausitz, wo er nicht mehr sein konnte. Man kannte ihn dort gut. Ich traf u. a. einen Hermann K., der sagte: »Als sie den *Riesen* gedreht haben, war vielleicht was los!« Gemeint war der Film nach dem gleichnamigen Roman für Kinder mit dem Haupthelden *Kurbel* von Joachim Nowotny; er hieß »Der Riese im Paradies«. Es ist ein ganzer Ort unruhig geworden. Wenn man Kindheit und Jugend derart in die Welt der Erwachsenen aufhebt und auch noch das Geschehen »ankurbeln« kann, ist das nicht nur schön, sondern auch nützlich.

Joachim Nowotnys oft etwas seltsame Geschichten, auch für Kinder, erregten Aufsehen, aber nicht immer Beifall, besonders nicht bei den politischen Heldenmachern. Seine Helden waren uns verwandt – dir und mir, die nicht richtig zu Heldentaten taugen. Mir gefielen sie, ich wuchs mit ihnen. *Der glückselige Stragula* heißt bei mir *Droppen, ein gewisser Robel* findet vielleicht in meinem *Bindfaden* eine Entsprechung, *Kurbel* vorsichtig im *Felix*. Meine Kneipe heißt einfach *Dorfgasthof*, statt *Marlepartus*; ich bin dem Altmeister

Goethe weniger nahe als er, der den Reinecke-Fuchs-Bau passender fand, der gelernte Germanist. Aber meine Leute haben auch Ängste, seine vor den ausufernden Kohletagebauen, die seine Heimat schlucken werden, meine vor dem Altern, da die Marktwirtschaft die jungen Leute fortlockt.

Das *Marlepartus* des Fuchses muss man erhalten wie den wieder eingewanderten Wolf, der in Urzeiten mit dem Menschen jagte. Haben wir es so total vergessen? Joachim Nowotny vergaß so etwas nicht. Er mahnte schon unermüdlich zu DDR-Zeiten als einer unserer ersten Schriftsteller die Erhaltung der Umwelt an. Er litt an den Freveln ihr gegenüber. Jetzt leidet er noch mehr.

Auf der Straße in Leipzig-Stötteritz kam uns ein Mann entgegen und wechselte zur anderen Straßenseite, als er uns sah. »Das ist ein guter Bekannter von mir, er weicht mir aus, seit ich im Rollstuhl sitze.« sagte Achim. – Manchmal gibt's Tunnel, wo keine sind. Irgendwann werden meine Nachfolger meinen *Schalt-Baum* vergessen, der am Tunnelberg stand, ein Apfelbaum. Er erinnert nicht nur an die *Äpfel der Jugend*.

Gemeinsam ist uns auch die Nähe der Bibliotheken. Während er in der Deutschen Bücherei in Leipzig zu schreiben pflegte, hatte ich vor und nach meiner Institutszeit Bücher zu verleihen, Literatur zu vermitteln oder Bücher einzustellen – in allgemeinbildenden Bibliotheken.

Ich kenne nicht sein tägliches Schreibpensum, aber ich weiß, dass er es sich nie leicht machte.

Er schlug nicht wahllos zu, wie »die Axt im Walde«. Bevor er Worte setzte, nahm er lange und gründlich Maß. Die Sprache ist auch ein gewachsenes Material – wie das Holz. Bäume und Sprache umgaben und faszinierten ihn seit seiner Kindheit. Doch das zu Schreibende lag ihm mehr als das Gesprochene. Er suchte das natürliche Wachstum beider zu ergründen, und er sieht es vielleicht wie das Verhältnis der Wurzel zur Krone eines Baumes oder umgekehrt. Man sagt ihm nach, er schriebe aus Heimweh.

Ich wohne auch nicht mehr in meinem Dorf, aber kann hinfahren. Sein Heimweh ist stärker geworden, seine Schmerzen sind es auch. Sein literarisches Bauen leidet; er kann kaum noch Vollendung träumen, geschweige einen Dachstuhl setzen, obwohl sein kritischer Geist es fordert.

»Ich bin kein mobiler Typ.« bekannte er einmal, und viel später, dass er zu seinem Stammtisch auf jeden Fall müsste, weil dort erzählt wird, was er braucht.

Ich stelle mir seinen Stammtisch wie einen Tisch um einen Baum vor.

Wie gesagt: Er rollte neben mir. Ihm fehlte die Frau, sein Sohn kümmert sich um ihn, und er presste kurzzeitig gekrümmt in seinem Rollstuhl hervor: »Wenn der andauernde Schmerz nicht wäre …« Ich wagte nichts mehr zu sagen außer: »Ich schreibe von den Wölfen in der Lausitz für die Kinder, Achim.«

»Ja, mach mal!« rief er mir.

Ich rief ihm nach: »Der Stubben treibt wieder aus!«

»Lass ihn treiben, dass die Heide wackelt!« rief er zurück und fuhr davon.

# DREI WÜNSCHE

Es war einmal im Mai eines Nachwendejahres. Die Wirtschaftswunder-Märchenzeit war längst vorbei, und auch von sozialistischen Planverfahren träumte schon lange niemand mehr, da trieb die Not aufgrund dürftiger Finanzen einige Schriftsteller des Freien Deutschen Autorenverbandes zum Sächsischen Ministerium für Wissenschaft und Kunst. Sie sprachen mit dem Beamten Müller, Meier, Schulze oder Schmidt und äußerten drei Wünsche, hoffend, dass Notdurft nicht verweigert werden darf laut Bürgerlichem Gesetzbuch (BGB).

Zum Ersten baten sie: Lasst uns im Namen unseres Landes mithelfen, die kulturelle Identität unseres Volkes zu erhalten und zu festigen.

Zweitens erflehten sie: Lasst uns weiterhin an der Seite der Bibliotheken Literatur machen und verbreiten.

Und als Drittes wünschten sie sich: Lasst bitte dafür einen Unkostenbeitrag springen.

Sie erhielten die drei folgenden Antworten:

»Wir können nur das Gespräch weitergeben.« Ob statistisch, virtuell oder gar per Wanzen, ist nicht bekannt.

Die zweite Antwort glänzte durch weit vorausschauende Theorie: »Der finanzielle Verteilungskonflikt nimmt bis zum Jahre 2050 in dem Maße zu wie die Bevölkerung abnimmt.« Vielleicht auf gut Deutsch: Literatur rechnet sich nicht.

Die dritte Antwort entbehrte nicht eines gewissen Mitgefühls, aber bewies auch eine bedauernswerte Hilflosigkeit: »Schreibt und lest ehrenamtlich. – Und im übrigen geht es unser Ministerium ab 2005 gar nichts mehr an, nur noch die Kulturräume und die Sächsische Kulturstiftung.«

Der Beamte hatte die Schriftsteller kameradschaftlich vertrauensvoll im Halbkreis um sich versammelt, aber es sah bald aus, als wollten sie mit ihren Büchern drohen. Als das die Gäste bemerkten, fühlten sie sich wie Geiselnehmer mitten im Regierungsviertel von Dresden und gingen dann beschämt in sich und von dannen. Aber sie weinten nicht bitterlich, sondern wollten alles verdauen.

In der Kantine für die Beamten der Regierung aßen sie zu Mittag so preiswert wie in keiner anderen Gaststätte der Landeshauptstadt. – Diesen Wunsch hatten sie nicht ausgesprochen, und er wurde ihnen dennoch erfüllt. Darüber waren sie sehr glücklich.

# DER BALKONREDNER

Gerade sehe ich beiläufig aus dem geschlossenen Fenster in unserer gut geglie-
derten, städtischen Wohnwelt, da beugt sich ein Mann gegenüber weit über
die Balkonbrüstung, so dass ich denken muss: Jetzt stürzt er sich gleich in
die Tiefe! Aber der Sturz verzögert sich. Der Mann schwingt, gebeugt über
die Brüstung, den Kopf und sogar den Oberkörper hin und her; ich begreife:
er verneint etwas leidenschaftlich, und er redet auch, dann sehe ich sein
mimisch bewegtes Gesicht und die schnell wechselnden Grimassen, angeführt
vom Mund, aber ich kann nicht hören, ob er wirklich spricht oder gar schreit.
Für mich steht fest: Er hat es satt, er verneint das Leben!
Ich möchte das Fenster aufreißen, ihn vom Hinabstürzen in sein Unglück
abhalten. Aber die vielen Topfpflanzen auf dem Fensterbrett? – Wegräumen
dauert zu lange. Ich blicke kurz zur Seite, und plötzlich ist der Mann nicht
mehr da. »Jetzt ist es passiert«, denke ich, und es schaudert mich. Unter dem
Balkon stehen Bäume, und ich kann nicht erkennen, ob er unten liegt. Ich
renne die Treppe hinunter und aus dem Haus, und bis dahin, wo ich sehen
kann, ob er unten liegt.
Es liegt weder der Mann dort, noch ist überhaupt jemand in dem grünen
Geviert zu sehen. Ich atme schwer vom schnellen Laufen und blicke um mich.
Beängstigende Stille umgibt mich. War meine Beobachtung überhaupt real?
Ich bleibe jedoch wie angewurzelt stehen, blicke ungläubig abwechselnd zu
dem besagten Balkon im vierten Stock und auf den schmalen Plattenweg vor
mir. Eine Elster kreischt. Ich zucke zusammen. Mir ist, als ob sie mir den
Todesschrei nachreicht. Aber nirgends eine Leiche oder ein Verletzter. In dem
Moment tritt eine Frau auf den benachbarten Hochparterrebalkon, sieht
mich argwöhnisch an und fragt lauernd: »Suchen Sie was?«
Ich kann nicht sagen, was ich suche, es ist mir peinlich, ich zögere und frage
meinerseits sie: »Wer wohnt in der vierten Etage, wozu dort der linke Balkon
gehört?«
»Was wollen sie denn von **dem**?«
Ja, ich weiß eigentlich nicht, was ich von ihm will.
»Wohnt der Herr dort alleine?«

Ich merke, dass die Frage von mir dumm war; die Frau knurrt etwas und schimpft dann: »Das geht Sie gar nichts an!« – Mit diesen Worten verschwindet sie in ihre Wohnung.

Ich gehe wieder nach Hause, und fühle mich an den nächsten Tagen wie einer, der eine Missetat zu verschweigen hat. Immer wieder gleitet mein Blick zu dem Balkon, aber den Mann sehe ich nicht wieder. Es ist geradezu beklemmend für mich. Hat den Menschen jemand geborgen oder ihm geholfen? – »Was ist dort wirklich passiert?« frage ich mich.

In den nächsten Tagen sehe ich jenen Menschen tatsächlich nicht mehr. Aber eines Tages treffe ich die Frau vom Parterrebalkon beim Einkaufen, und zwischen den Regalen gestehe ich ihr, was ich beobachtet und vermutet hatte. Sie hört sich alles geduldig an und sagt mir dann, dass der Mann mit seiner Frau schon lange dort lebe und Rentner sei, aber eigentlich Schriftsteller. Ich kenne noch nicht so viele Leute aus dieser Umgebung, denn wir wohnen erst seit zwei Jahren dort. – Der Herr Autor **lebt** also. Ich bin erleichtert, aber neugierig geworden.

Mehr wollte mir die Nachbarin zunächst nicht sagen. Später trafen wir uns erneut zufällig und mehrmals, und weil ich ein Literaturfan bin, interessierte mich, was der Schriftsteller schreibt. Es kam der Tag, an dem sie zum Erzählen gut aufgelegt war, und an einem weiteren Tag lud sie mich in ihre Wohnung ein, und ich fragte, warum der Herr noch schreibe, wenn er schon Rentner sei. Die Frau Schulze erzählte, er sei wie sie vor vierzig Jahren in die damalige Neubauwohnung eingezogen, hatte eine achtbare Arbeit, aber hätte jetzt eine bescheidene Rente. »Also: Da lebte mein Mann noch, und der hielt große Stücke auf den.« – Von welcher Art diese »Stücke« waren, blieb mir einige Zeit verborgen. Aber es dauerte nicht lange, und sie verriet mir so viel von dem Schriftsteller, dass ich heute noch mit Sortieren zu tun habe, und sie gab mir auch Bücher von ihm zum Lesen. Frau Schulze erklärte mir eindringlich: »Das ist alles wahr, was der geschrieben hat!«


So ein anregendes Jahr hatte ich in meiner neuen Wohnumgebung noch nicht erlebt. Ich meine, es regte mich an, über so ein Schreiberschicksal nach zu denken. Der Schriftsteller half mir dabei indirekt, denn er kam gelegentlich wieder auf den Balkon, um seine Zigarette zu rauchen. Mich beschäftigten seine Vorführungen, nicht nur als mimetisches Vergnügen.

Von Frau Schulze hatte ich erfahren, dass er schon lange schreibt und darin sogar ausgebildet ist, aber erst nach der Wende manches Buch gedruckt erscheinen konnte.

In den Verlagsprogrammen der alten Bundesländer hatte man für seine Geschichten keinen Platz, sie erschienen in kleinen ostdeutschen Verlagen. Doch es grünte noch eine Hoffnung für ihn, wuchs mit den Blättern im Frühjahr. Im April kam immer ein Brief von einem Rundfunksender, den er ersehnte. Er nahm jährlich mit einer Kurzgeschichte an einem Wettbewerb teil. Die von ihm eingesandten Texte haben mit dazu beigetragen, seine Bände von Prosasammlungen zu füllen. Er könnte also zufrieden sein, ist es aber nicht. Er wünscht sich, nicht nur kleinen Verlagen beim Geldverdienen zu helfen, sondern seine Arbeit bezahlt zu bekommen. Außerdem träumt er davon, einmal einer der besten sieben Einsender zu sein, die ihre Texte öffentlich und im Rundfunk vortragen dürfen. Ich gönne ihm so einen Auftritt und stelle mir seinen Vortrag so vor wie auf dem Balkon. Aber mit Text muss das Debüt eines so erfahrenen Menschen sehr unterhaltsam sein. Es sah häufig sehr wichtig aus und erinnerte an historische Verkündungen wie die Ausrufung einer Republik oder die Bekanntgabe der Ausreise von sozialismusmüden Leuten aus dem maroden ostdeutschen Staat. Unübertroffen aber fand ich meinen Balkonredner.

Ich sah seinen Gebärden an, wenn er einfach nur über seine Geschichten nachdachte; er stand dann lässig nach vorn gebeugt und mit beiden Ellenbogen gestützt auf dem Balkon. Jeder Zug aus der Zigarette ein neuer Gedanke. Frühnebel, Atem der miteinander ringenden Zeiten. Der Autor assoziiert Rauchfahnen und neue Lagerfeuer, wo sich Menschen wärmen können einer hoffnungsvollen Wende gemäß, eine uralte Menschheitssehnsucht. Zwei ehemalige Schulfreunde treffen sich, der eine hat sich angepasst, der andere fühlt sich beleidigt, weil nicht mehr zählt, wie er ein Leben lang menschlich gereift ist, und er will nicht betteln, er erkrankt und stirbt und mit ihm möglicherweise seine Familie. Der Autor bringt sich damit in Widerspruch zu den »blühenden Landschaften«, die Herr Kohl angekündigt hatte, und stirbt auch für die Jury, denke ich. Aber der Schriftsteller erinnert sich noch gut an Mahnungen für Autoren der Vorwende: Nichts Untypisches zu gestalten; es muss alles immer besser werden; das ist typisch.

Zuweilen geht er gemessenen Schrittes auf dem Balkon hin und her, den Daumen der zigarettenfreien Hand unter dem Träger seines Dresses, als drücke ihn ein Rucksack. Ich erinnere mich seiner Rucksackgeschichte, die deutsche Geschichte im Rucksack hat – vom Bau des Führerbunkers bis zum Wohnhochhaus – und die zudem noch einen zarten Flirt mit einer jungen Studentin transportiert. Stolz und selbstbewusst wirft er zuweilen den Kopf in den Nacken und blickt lächelnd zu mir herüber. – Sieht er in mir undeutlich das

weibliche Wesen seiner Phantasie? Die Geschichte soll in einer Zeitschrift gestanden haben, Frau Schulze hat sie gelesen und sie »reizend« genannt.
Die *Leider*-Schreiben vom Rundfunk kamen immer im April über ein Jahrzehnt lang.

Manchmal entgleiste sein Gesicht danach, und er verneinte heftig, tief gebeugt über die Balkonbrüstung, die Arme nach vorn gestreckt, als müsste er jemanden aus den Klamotten schütteln, der neuen Ungerechtigkeit wegen, um dann durch das Hin-und-her-Schwingen des Kopfes das Unfassbare zu betonen: »Nein! Nein! Nein! Diese unglaubliche Enttäuschung wieder!« Ich stelle mir vor, wie sich diese Szenerie wiederholt und verstärkt: Die Zigarettenkippe trägt er entgegen seiner Gewohnheit nicht bedächtig in den Aschenbecher hinter ihm auf dem Fensterbrett, sonder sie fliegt in die Botanik.
Vielleicht habe nur ich seinen Geduldsfaden reißen sehen. Er kann die Themen wählen wie er will, sie helfen ihm nicht: Jahrhunderthochwasser, Touristenattraktion mit jahrhundertealtem Liebeseffekt, neue Rübezahl- und Traumhausgeschichten und so weiter. Fast überall steckt etwas von friedlicher Revolution drin, die im Gegensatz dazu, was die Westdeutschen glauben, nicht vom Himmel, sondern aus den Köpfen der Ostdeutschen gefallen ist. Aber manche glauben sowieso, dass für uns die Geschichte erst vor zwanzig Jahren begann.
Er wird also auch in der kalten Jahreszeit stolz erhobenen Hauptes auf seine Seelenbühne hinaustreten, und in Kampfstellung gehen, nachdem er seinen Schmerz körperlich gewiegt hat. Er wird mit der zigarettenfreien Hand seinen Strich, seinen Stich, seinen Hieb in der Luft vollführen, und es wird vielleicht für den Rundfunk sein letzter Streich sein. Möglicherweise bleibt sein Gesicht unbeweglich, ungerührt ist der Mann nicht, nur eben leise. Ich habe ihn mal belauscht; was aus meiner Entfernung mitunter aussieht als ob er seinen Zorn hinausschreien würde, ist nicht mal ein stummes Flehen, es sind nur pantomimische Schreie, die dann über Laptop und Papier herfallen und unhörbar nur denen erscheinen, die nicht lesen können. Ich weiß schon lange, dass sich der Autor nicht kaufen lassen will, wenn er von einer Balkonecke in die andere stürmt, und wenn er sich zum Kampf zwingt. Das ist eine achtunggebührende Haltung bei diesen Aussichten für ihn. Ich glaube, seine Helden gefallen den Juroren nicht und auch nicht sein altmodischer Erzählstil; mir gefallen beide, aber ich bin auch nicht mehr jung. Seine Nachbarin, Frau Schulze, kleidete es in die Worte: »Für die sind wir alle dumm, weil wir in einer anderen Welt aufgewachsen sind.«

Ich glaube es spricht daraus vor allem eine gewisse solidarische Haltung für den Schriftsteller, wenn man ihr Urteil nicht allzu wörtlich nimmt.

Als ich nach meiner Balkonredner-Entdeckung einmal eine öffentliche Lesung von einem Schriftstellerverein besuchte, kam ich mit einem jüngeren Autoren über diesen Wettbewerb ins Gespräch, der meinte, der Jury gefalle nicht die bloße Realismusbefriedigung. Ich frage mich, ob dann nur noch das Fantastische und Zusammengereimte zählt? Und wir als reale »Mitspieler« in dieser Welt zählen gar nicht mehr? – Hinter vorgehaltener Hand verriet er mir aber noch, dass die meisten Juroren der Geschichtenwettbewerbe vor allem auf das Geburtsdatum sehen, obwohl eigentlich nirgends geschrieben stehe, dass der Rundfunkpreis nur ein Förderpreis für junge Autoren ist. Mir fielen spontan Frau Schulzes Worte ein, die sie immer auf den Lippen hat, wenn ihr heutzutage etwas missfällt.

Die Geschichte hat für uns alle noch ein gutes Ende: Eines Abends steht der alte Schriftsteller wieder und als dunkler Schatten, aber aufrecht, gleichsam drohend, auf seinem Balkon und, wie mir scheint, sturzbereit. In seinem Zorn über eine erneute Absage schießt unser Freund seine Zigarettenkippe entgegen seiner Gewohnheit über die Balkonbrüstung gegen die, die ihn nicht verstehen wollen, und geht wie immer von seiner stummen Bühne zurück in seine Wohnung. Aber die Kippe trifft genau ins Dekollete einer Stadträtin, die mit ihrem Hund Gassi geht.

Jetzt erzählt man sich, dass sie eine Erweiterung der Stadtordnung anstrebt; es soll das Rauchen auf Balkonen verboten werden. – Na, bitte, sage ich mir: Doch ein Erfolg, denn ich bin Nichtraucher und Frau Schulze sagte, der Schriftsteller will sich das Rauchen auch abgewöhnen. – Soll er ruhig weiter Köpfe rauchen lassen.

# HUNDELEBEN

*Der Einflug* in das Urlaubsparadies gelang problemlos, und die Sonne in Varna hat auch keinen Familiennamen. Die Hunde gleichen äußerlich den deutschen; über den ganzen Balkan verbreitet, leben sie gesellig auf den Straßen. Aber akustisch sind sie gar nicht da und optisch kaum zu erkennen, denn die Farben ihrer Felle ähneln denen der Sandstrände. Sie liegen ruhig auf den Fahrbahnen und Gehwegen wie die heiligen Kühe der Inder, reagieren jedoch verständiger als jene; sie erheben sich langsam, fast majestätisch schweigend, wenn ein Auto kommt. Auch unser bulgarischer Kraftfahrer Iwan umfuhr sie, und die Hunde bedankten sich bei ihm mit einem Blick.

So gut verstanden wir drei Dresdner uns nicht mit den anderen deutschen Touristen aus dem Westen. Iwan konnte gut deutsch sprechen. *Beim Ausflug* fuhr er uns nicht nur, sondern stellte begeistert sein Land vor. Die Mitreisenden hörten nur halb hin, schließlich hatten sie gut bezahlt. Dann begann es zu regnen und hörte nicht mehr auf. Da verdrehte man sich mit foto- und filmtechnischen Hilfsmitteln in der Dobrudscha-Ebene die Augen. Das war ein Spaß! Die Dörfer dort wirkten noch ärmlicher als bei Sonnenschein. Die gleichen Wasserstraßen mit darauf schwimmenden Gänsen mussten gleich zweimal befahren werden. Die Meute knurrte und winselte wohlig während der Motivjagd. Doch es kam noch besser: In dem uralten Höhlenkloster Alascha jaulte eine Mitreisende ganz heiß vor der winzigen Kapellenhöhle; sie wünschte sich dort eine Liebesgrotte. Ein in der Nähe lauschender Rüde schüttelte den Kopf.

Als das rustikale Mahl auf einem Bauernhof aufgrund des Regenwetters ausfallen musste, knurrte die Meute unüberhörbar böse, während der Ausfall des Reisezieles *Botanischer Garten* gelangweilt quittiert wurde. Was sollte es da schon zu sehen geben, wenn man Petunien für Tulpen hält? Aber dass das darin befindliche Schlösschen einer ehemaligen Prinzessin nicht beschnuppert werden konnte, wurde vor allem von den weiblichen Touristen wütend bekläfft.

Auf Kap Kaliakra, einer nationalen Gedenkstätte, wo sich einst vierzig bulgarische Jungfrauen vom hohen Felsen ins Schwarze Meer gestürzt hatten, weil sie dem türkischen Joch entgehen wollten, verbellten unsere Begleiter eine einheimische Hochzeitsgesellschaft, die es wagte, uns auf dem felsigen Wege entgegenzukommen.

In einer urigen Schnapsbrennerei fletschte man angewidert die Zähne, als würden dort Aasbälge gekocht und nicht Maische getragen und Alkohol verdampft, dann aber geiferten sie nach vollen Gläsern und soffen, statt zu probieren, bettelten herrisch um Zubrot und RTL im Fernsehen, weil der Millionär Schumacher mit der Fernsehmeute Schlitten fuhr.

Am Ende der Reise schnappten sie fast alle, an Iwan hochspringend, nach den touristischen Bissen, die sie nicht erhalten hatten. Sie verlangten zornig geifernd ihr Geld zurück, wegen »mangelhafter Ausflugsqualität«, und einer konnte noch richtig reden und sagte: »Wir fühlen uns hier wie in Deutschland.« Armes Deutschland!

Dann fuhr sie unser Reiseleiter, den sie riefen wie einen Hund namens Iwan, und dem sie wahrscheinlich keinen Familiennamen zutrauten, zu ihrem Hotel. Dort stob das ganze Rudel ohne Dank auseinander, und Iwan Ditschew rechnete laut und zornig ab, als wir mit ihm allein waren; er sagte, wir seien hundertprozentig besser, als die anderen Deutschen.

*Ein Flughund* begleitete uns auf dem Heimflug. Seine deutsche Herrin jammerte darüber, wie sie und er in Bulgarien hätten frieren müssen für ihr Geld. Der Hund im Körbchen lächelte still vor sich hin, das hatte er von seinen bulgarischen Artgenossen gelernt.

Hans
Dietrich
Lindstedt,
Gründer und
erster Vorsitzender
des FDA Sachsen

Norbert Weiß
ehem. Vors. d. Asso Dresden,
Redakteur von „SIGNUM"

1. Vorsitzender
der Asso
Dresden : Uwe Hübner
21.10.09

Jens Tonneberger
Erfolgreicher Schriftsteller
und Vorstandsmitglied
in der Asso Dresden

# VON LICHTBLICKEN, DRESDEN UND DER ASSO
*Fragmentarische Erinnerungen*

Das Licht der Welt erblickte ich nicht hier, aber Dresden schenkte mir wieder Licht und Hoffnung in über dreißig Jahren. Zuerst wechselten meine Adressen schnell, dann langsamer. Seit wenigen Jahren bin ich wieder in Klotzsche. Ich wirkte im Herzen der Stadt wie im Umland, und ich durfte den Unterschied und den Wechsel zwischen passivem und aktivem Erkennen in diesem Elbtal-Kosmos erfahren und erleben. Dresden ist mir Lichtblick und auch Blinklicht geworden, denn ich habe es als ein Zuzwinkern des stillen Einverständnisses erkannt – nachhaltiger als ein lautes »Bravo!« oder »Hallo!« – Kann sich jemand vorstellen, dass ein Dresdner die Mitte seiner Heimatstadt über dreißig Jahre nicht gesehen hat? Ich traf so einen, der es behauptete und ich reagierte ebenso ungläubig.

Weit und licht begegnete mir diese Welt, als ich mich ihr näherte. Ich war aus hügelig gelegenen, winzigen Orten, dann aus einer kiefern- und kohlereichen Welt und zuletzt aus einer Großstadt gekommen, die mir als ein urbanes Dickicht erschien, wo zu viel Zwielicht aus den Straßenschluchten mich nicht wachsen ließ. Also: Ausgeflogen aus einem Provinznest, das Fliegen gelernt weit weg von Sachsen, eine Nummer geworden und die Liebe verloren; gegen all das schrieb ich mehr oder minder verkrampft an. War ich dem Lichte gelegentlich nahe, wurde ich des Schattenwurfs auf andere bezichtigt. Dresden empfand ich als einen großen Park. Aus einem Gehetzten, Ruhelosen wurde ein Lustwandelnder, der sich freischrieb. Dazu bedurfte es dreißig Jahre, zwanzig davon bin ich Mitglied der »Unabhängigen Schriftsteller Assoziation Dresden e. V.«, kurz Asso genannt.

Alles begann mit dem ersten Blick in die Augen meiner zweiten Frau, als sie noch nicht meine Frau war. Ich erlag dem elbflorentinischem Charme mit dem Siegel eines Kusses. Das Licht fehlte, denn es war Nacht und wurde Tag. Buntblättrig, herbstlich gab sich mir Dresden, auch eine Variante des Dresdner Barocks. Wir gingen durch gefallenes Laub fast im Gleichschritt, und ich hörte Marschtritte, die ich nicht mehr mochte. Der heraufdämmernde Morgen wärmte alle meine Glieder und streichelte meine Seele. Die Fahnen einer sich selbst verunsichernden Republik schlotterten noch vom

Vortag, dem 27. Jahrestag, an den Masten, als mir erste Blicke Verständnis für mich signalisierten. Farbige, herbstliche Freudenfeuer dämpfte nur der Nebel. Als es Tag geworden war, schien mir die Sonne im weiträumigen Flusstal. Das Band der Elbe wehte mir entgegen, die Wellen spielten, als wollten sie alles schwermütige Strömen vergessen machen, erst recht das Wüten, wenn sie in den Überfluss getrieben wurden. In der Stadt, die ich verlassen hatte, sah ich selten das blitzende Band eines Flusses, weil die Flüsse dort unter der Stadt fließen. Ich fühlte damals mit ihnen und litt an mir selbst.

Dresden empfing mich reserviert, aber offen, und mir ist warm geworden wie lange nicht. Dreißig Jahre sind eine kurze Zeit, wenn die Hoffnung täglich wächst. Und wenn sie täglich sinkt, was dann? So muss es bei meinem Nachbarn gewesen sein; als wir beide am Rande Dresdens wohnten. Dreißig Jahre zuvor waren seine und danach kamen meine Jahre, die sich nur etwas überschnitten. Es lag bei mir, zu »trinken, was die Wimper hält«, aber ich litt noch lange am »roten Star«. Das ist ein Syndrom, dem »grauen Star« vergleichbar, aber er hat mit dem Alter nur bedingt etwas zu tun, eher mit Denk- und Verhaltensmustern.

Erst die Wende mit vielen nachfolgenden, neuen Blicken heilte mich annähernd. – Nein, es war nicht der Canaletto-Blick, jener vornehmlich passiv genießende, der mir Dresden näher brachte. – Ich fühlte mich langsam, aber nachhaltig in Dresden ein. Auch die Blick- und Gedankenkontakte mit der Asso gehörten dazu. Laut Protokoll war ich einer, der zur Gründungsversammlung am 5. Mai 1990 dabei gewesen ist, war also keiner der Initiatoren; noch wirkte der »rote Star« akut. Aber im gleichen Monat lud ich mehrere Asso-Autoren zu einer Lesung vor den Bibliothekaren des Landkreises Dresden ein; ich war damals dessen (letzter) Kreisbibliothekar, bevor der Kreis der ersten Gebietsreform geopfert wurde. Mir gefiel das Suchen dieser Autoren nach Worten, die unsere Situation beschreiben können. Einige Gesichter der Gründungsversammlung vermisste ich später, u. a. Heinz Weißflog; er ist, wie unser ehemaliger Vorsitzender Peter Gehrisch, der zweite seit Gründung, bei der Literarischen Arena e.V., auch ein Dresdner Autorenverein-Gewächs, ein erfolgreiches, denn ihre Kunst- und Literaturzeitschrift »Ostragehege« rangierte laut einer Umfrage an einer vorderen Stelle in Deutschland. Er gründete auch die Literarische Arena und die genannte Zeitschrift. Heute könnten unsere *Blätter für Literatur und Kritik SIGNUM* dabei auch einen beachtlichen Platz einnehmen. Es gelang, einen neuen Verein, nämlich den der »Freunde von SIGNUM«, zu gründen. Norbert Weiß, auch einer unserer ehemaligen Vorsitzenden, ist jener Initiator, und die Zeitschrift wurde schon vielen Schreibenden eine Heimat; sie ist weltoffen, bekannt im deutschsprachigen Raum und Dresden eng verbunden. Wo aber sind zum Beispiel Yvonne Brandt geblieben, die die einfühlsamen Einladungen verschickte, oder die erste Geschäftsführerin, Dr.-Ing. Ingelore Gaitzsch?

Wenn man ein Schriftsteller sein will, muss man unabhängig sein, den eigenen Blicken folgen können. Das Wörtchen *unabhängig* im Namen des Vereins hat mich sehr angezogen, denn ich wollte meinen »roten Star«, der mich auch beim Schreiben behindert hatte, loswerden und keinem neuen Leiden erliegen, das meinen Blick trüben könnte.

Natürlich freue auch ich mich über den wieder gewonnenen Canaletto-Blick. Wieder sehe ich Menschen über die Augustusbrücke gehen und am Ufer beschäftigt. (Oder liegen sie da nur relaxend herum?) Wieder erbaut man sich an dem Blick, empfindet die südliche Wärme, die Kühle der Elbe und den hoffnungsvoll hohen Himmel – wie auf dem Bild. Touristen fangen den Canaletto-Blick mit der Kamera ein als brandaktuelles Souvenir aus Elbflorenz.

Wer mag sie zu unterscheiden, die das heutige Bild bevölkern? Wer ist ein Tourist, wer ein geschäftig Dahineilender, wer ein gestresster Bote oder ein hoffnungsarmer Arbeitsloser?

Unweit davon, in der damaligen Kinder- und Jugendbibliothek, durfte ich mit jungen Leuten arbeiten. Für eine Dresdner Kulturzeitschrift schrieb ich ein Feuilleton mit dem Titel »Schritte auf der freundlichsten Straße«. Das Gehen im Platanenlaub auf der heutigen Hauptstraße hatte mich dazu angeregt. Neben den Schritten Kügelgens wollte ich auch Marschtritte aus der Vergangenheit die Leser hören lassen, die der preußischen Truppen, die der Franzosen Napoleons und die der Soldaten der Sowjetarmee, die auf der heutigen Hauptstraße zogen. Ich ließ sie alle abmarschieren, weil ich solcherart Bewegungen, verbunden mit Krieg, nicht mochte. Das war ein Blick in die Geschichte unserer Stadt aus meiner Feder, den die Öffentlichkeit akzeptierte. Er machte mich stolz. Doch verfinsterte sich mein Blick, als ich, kaum in Dresden heimisch geworden, befragt worden bin, ob ich nicht in die Kampfgruppe wolle. Ich bedachte es widerstrebend an einem Ort, der mich an den Krieg und an meinen Nachbarn erinnerte. Ich sah den Himmel durch einen Eckturm des Ende der 1970er Jahre immer noch zerbombten Schlosses. Krähen flogen in die verbogenen und verrosteten Stahlkörbe. – Wozu baut der Mensch? – Ich lehnte ab und verließ den angesehenen Großbetrieb. In das neue Jahrzehnt blickte ich wieder froher.

»Im Anfang war die Tat!« sagte der pantheistisch eingestellte Goethe. Diese Aussage fand ich einst sehr gut und schrieb diese Worte an eine Wand. Die Buchstaben sind fast abgeblättert, und ich erkannte die Halbwahrheit; die Tat kann auch das Marschieren sein, das vor das Denken gestellt wird. Kriegs- und Nachkriegsgenerationen von Schriftstellern haben vor uns in ihren Büchern dagegen an geschrieben. Später fand ich an einer Kirchenkanzel die Aufforderung »Seid Täter des Wortes!« Wenn auch das göttliche Wort gemeint ist, mir bestätigte es meinen eingeschlagenen Weg. Die Taten, die meinen Lebensweg säumten, mag man in verschiedenem Lichte sehen, aber zunehmend wurden mir die Schatten wieder zu Partnern des Lichtes.

Ich bedurfte noch zwanzig Jahre, um beim SCHEUNE Verlag in Dresden, einem indirekten Asso-Produkt, mein erstes eigenes Büchlein herauszubringen: »Kommen und Gehen«. Ein weiteres folgte, und inzwischen sind vier Bücher geworden, ein fünftes wird produziert an einem Dresdner Verlag, an einem sechsten arbeite ich. Ehe ich mich selbst ins das rechte Licht zu rücken vermochte, mussten also auch rund dreißig Jahre vergehen.

Als sich die Blicke von mir und einem alten Nachbarn erstmalig kreuzten, wussten wir nichts voneinander. Er erzählte mir, welche schmerzhaften Lichtblicke er erlebt hatte. Dabei sah er aus, als habe er gerade geweint; doch ich sah keine Träne. Der tief sitzende Schmerz hatte ihm die Augen gerötet für den Rest seines Lebens. Sein geliebtes Elbflorenz lag nach dem Zweiten Weltkrieg nicht nur zertrümmert, sondern auch wüst und entseelt. Fremd und anders war ihm der Ort geworden. Es fehlten »Nasen-Adolf« (Kaufhaus Renner) und Café-Kreuzkamp am Altmarkt. Die »Königsdiele« an der Waisenhausstraße, wo er gerne Billard gespielt hatte, war weg und auch das »LB« genannte »Linksche Bad«; dort hatte ihm und seiner Frau der Wein, der preiswerte, so gut geschmeckt. Dem Nachkriegs-Dresden fehle das »Lauschige« hatte seine Frau bekannt. Für ihn war alles Neue eine Niederlage gewesen. Ich mochte ihn trotzdem, den liebenswürdigen, kunstsinnigen Ignoranten, der vom Schreibtisch in die Trümmersteinmühle verbannt worden war.

Wilhelm Rudolph hatte die frischen Trümmer gezeichnet, als die Ruinen manchmal noch an die Bauwerke erinnerten. Mein Nachbar musste sie abbrechen. Er sah noch menschliche Gestalten, die auf Rudolphs Zeichnungen fehlten; sie saßen, lagen, knieten als große und kleine Mumien in den verschütteten, zu beräumenden Kellern und fielen zusammen, wenn der Luftstrom um sie her wieder zirkulierte. Unter den erstickten oder verkohlten, unkenntlichen Menschen mochten Leute von ihm gewesen sein. Vielleicht hat er die Trümmer seines eigenen Hauses abbrechen müssen. Eine moderne

Inquisition hatte zugeschlagen und auch unseren Nachbarn danach getroffen. Als er seine Strafarbeit im Zentrum der Stadt beendet hatte, wollte er es nicht mehr sehen, und diese Verblendung währte mehr als dreißig Jahre, und bis an sein Lebensende. Ich sah in ihm einen Geschleiften und Geblendeten, wie im Mittelalter. Aber, was ändert sich, wenn man wegsieht? Ich weiß nicht, ob er sich über unser heutiges Dresden richtig gefreut hätte. Vielleicht wäre sein Schmerz gelindert worden beim Anblick des Neumarktes mit Frauenkirche und angesichts des stolzen Schlosses sowie vieler wiedererstandener Bauwerke. Vielleicht ...

Wegsehen hilft uns auch nicht, wenn wir an den verblichenen Vater Staat denken, in dem wir gelebt haben. Das gab mir schon vor Jahren ein Freund zu verstehen. Unser Blick ist gefragt, wenn die Nach-uns-Kommenden nicht solche fürchterlichen Lichtblicke erleben sollen wie sie mein Nachbar erlebt hatte. Er verdrängte, für mich gilt: Neues erkennen und Altes beachten!
Die Losung und Haltung der Demonstranten von 1989 »Keine Gewalt!« hatte mir Hochachtung und Sympathie abgenötigt.
Die Asso, und vornehmlich ihre jüngeren Autoren, lehrten mich, unsere Welt und unsere Stadt so zu sehen, wie sie sich entwickelt hat. – Als ich anfangs Dresden im Blick hatte, machten mir das Lichte und die Weite Mut. Freiräume im Stadtbild, wenn auch durch Krieg und Nachkrieg entstanden, taten meinem Nachdenken gut. Ich fühlte mich natürlich eingebunden wie die Stadt unsere Elbe umschlingt. Und ich glaube, Stil und Stolz einer Stadt verändern sich im Wellengang der Zeiten nur unmerklich, doch das ist die einzige Abhängigkeit, die wir, von der Asso, pflegen sollten. In zehn Jahren werden wir dreißig sein.

# DIE STIMME
*Eine Waldheimer Legende*

Als kleiner Junge lauschte er schon gespannt den vielen Variationen des Windes.

Auch vor dem nimmermüden Zschopaufluss stand er lauschend. Er ahmte die hellen Stimmen der Vögel nach, und bald perlten ihm selbst in der würzigen Waldluft seines Städtchens Melodien und Lieder aus der Kehle, so glockengleich und so rein, dass ein Fremder ihn, seiner schönen Singstimme wegen, nach Freiberg mitnahm.

Doch wusste der fremde Mann nichts von noch einer besonderen Fähigkeit seines Schützlings: Mit seiner Stimme schien dieser die weißen Steine auf den lehmigen Feldern um Waldheim zum Springen gebracht zu haben, sagte man. Funkelnd zeigten sie ihm ihr kristallenes Innere.

Der junge – und später auch der ältere – Johann Gotthelf sammelte viele Steine und verglich sie miteinander. Er wollte ihnen ihre Geheimnisse entlocken. Da war er in Freiberg richtig.

Stolz sagten die Waldheimer: »Er studiert an der Bergakademie!«

Wenn dann auch seine Singstimme verklang, auf andere Art wurde er unüberhörbar. Gesteine und Gebeine waren ihm ohnehin Verwandte, auch als Resonanzböden des Lebens.

Und so wurde er Doktor und Professor, weil sich seine Stimme verwandelt hatte. Man hörte sie in der Welt, gesprochen, gedruckt und gezeichnet. Sie war angeschwollen wie die Zschopau im Frühjahr, wenn die Schmelzwasser ihre Choräle ins Tal dröhnten.

Den Waldheimern blieb er aus den Augen und bald auch aus dem Sinn. Leipzig, Paris, Mainz, Moskau lernten ihn kennen, den sanften Menschen, als einen siegreicheren als Napoleon.

Fleißig und beharrlich eroberte er Wissen für die Menschen, das nicht mehr verloren gehen konnte. Er entdeckte Versteinerungen von Pflanzen und Tieren, selbst Hirsche gehörten dazu, die seit vielen Tausenden von Jahren in der Erde ruhten. Er wurde zum Mitbegründer einer ganzen Wissenschaft, die die Entstehung und Entwicklung des Lebens auf der Erde untersucht. Vielleicht waren seine Vorfahren wirklich Fischer?

Der Zar von Russland belohnte seinen »Geheimen Staatsrat« für dessen unermüdliches Fischen im Fluss der Geschichte, dem Wunsch des Gelehrten folgend, mit dem Titel »Fischer von Waldheim«.

Sicher ist, dass diesem Fischer auch die Musik geholfen hat, die immer in ihm war, wie die ewige Melodie seines Heimatflusses, der seine Spur über Jahrtausende in unser Land gegraben hat und Berge und Täler schuf, wo keine waren.

# DES STÄDTLEINS WALDHEIM
## SCHWIERIGE GEISTIGE VERWITTERUNG
*Meine Randbemerkungen zur Chronik*

»Städtlein Waldheim in Sachsen«. Vor über 800 Jahren so genannt wie heute.
In einer dreiviertel Stunde ist es durchschritten: Bergab zum Flusse Zschopau,
ihr kurz ins katzengrüne Auge geblickt, das schöne Rathaus sich wohlig im
Wellengange spiegeln sehen, und wieder bergauf; romantische Winkel links
liegen lassend, gruselige Gänge, so an den fünf Meter hohen Mauern, ver-
meiden und sich Wanderungen durch dazugewachsene Dörfer sparen.
West- und Südwind rasten zuweilen im engen Tale, und man erlebt den einen
oder anderen, wie er ruhig atmend unzählige Blätterwimpel bewegt, spielend
mit Sonne und Fluss. Das ist ein Winken, was einen traulich einschließt. Hat
man es so erlebt, tauchte man schon nach der *Perle des Zschopautales* und
behält diese Ansichtskarte der Stadt, vielleicht mit Musik, dieses Heim im
fröhlichen Walde, in guter Erinnerung als *malerisches Waldheim*.
Das *mörderische Waldheim* lernt man so nicht kennen und auch nicht das
*momentane Waldheim.*


## *Zum mörderischen Waldheim*

Kaum ein Waldheimer spricht darüber, höchstens im Vertrauen nach Jahren
eurer Bekanntschaft, und er sagt: Ich will ja nichts gesagt haben, aber … Und
er sagt, unter dem Siegel der Verschwiegenheit eine oft unangenehme Wahrheit zur Stadt, zu ihrer Geschichte, zu den Leuten, die dennoch manchmal
ein offenes Geheimnis ist. Sagen also.
Einige mir bekannte Sagen dieses Ortes haben mit Töten und Opfern und
rastlosem Büßen zu tun: Aus Eifersucht erschoss ein junger Mann eines Förs-
ters Tochter und ihren Bräutigam, dann sich selbst im Morteltal.
Einer Höhle an der Zschopau, der Nixkluft, entstiegen einst drei Nixen, um
abends zum Tanze zu gehen. Als sie einmal davon abgehalten wurden, vor
dem ersten Sonnenstrahl in die Zschopau abzutauchen, mussten sie sterben,
und der Nixenfürst fordert seitdem jedes Jahr ein Menschenopfer.

Es lebte ein Mönch im wüsten Kloster Baldersbalda wie Mann und Frau mit seiner Schwester und erstach sie und ihr Neugeborenes und schwebte danach als Schatten mit blutigem Dolche vom Kreuzfelsen zum Friedhof Jahrhunderte lang, bis ein ärgerer Bösewicht ihn ablöst. Wann und wer, das weiß kein Mensch.

Um Mitternacht kann einem noch heute frösteln beim Schattengang der ruhelosen Gewissen.

Waldheim muss damit leben, besonders seit 1716, da nach »allergnädigsten königlichen Entschlusse zu aller gehorsamster Folge ...« auf dem Gelände der ehemaligen Burg, des verfallenen Klosters Baldersbalda und des ausgedienten Jagdschlosses das erste »Sächsische Zucht-, Armen- und Waisenhaus« gebaut wurde, eines mit Modellcharakter, denn es mussten und durften die Insassen immer arbeiten, selbst, als es nur noch Zuchthaus war ab 1830. »Hierzu ist nun«, heißt es im königlichen Gründungsdokument, »das Städtgen Waldheim und das dasige herrschaftliche Schloß, sowohl wegen des Platzes als auch anderer Umstände halber, am bequemsten gefunden worden.« Waren die Waldheimer besonders geeignet für Dienste zur Bestrafung, Bewachung und als Samariter? Man sollte es bezweifeln, aber Wirkungen zeigte die Justizvollzugsanstalt, wie sie heute heißt.
Hartnäckig sprechen die Waldheimer stets von der Schlosskirche, von der Schlossmauer, dem Schlossplatz. Freundlichkeit ist ihnen gerade wichtig. Das ganze fragwürdige Areal bestimmt aber den Stadtkern mit, hat heute sogar ein eigenes Museum und hat eine Geschichte, die den 173 laufenden Metern Akten (bis 1956 und jetzt sicher noch mehr) im Sächsischen Hauptstaatsarchiv in Dresden entnommen werden kann.
Diese Einrichtung wird also bald 300 Jahre alt wie die sogenannte Winzer-Linde im Schlosshof, die der abgedankte Soldat Winzer 1719 dort pflanzte, und die ein unbekannter Dichter um 1910 besang unter anderem mit dieser, der 5. Strophe:
> »Doch unten am Fuße des Baumes im Schatten –
> Wer wandert so rastlos und traurig umher?
> Die schwarzen Gestalten, die Glieder, die matten,
> die Köpfe von Sorgen und Kummer so schwer
> und Wehmut im Herzen, die Lippen so stumm,
> die Augen voll Tränen, geht's immer ringsum.«

Dieser Waldheimer Baum ist ein stummer Zeuge von vielen bedrückenden Zeremonien, von unwürdigen Hofgängen und dem »Willkomm«, das aus 24 Karbatschenhieben mit einer Lederpeitsche bestanden hatte, sowie von »Kirchen- und Leichenparaden« u. v. a. entwürdigenden Praktiken. Die historisch jüngeren Kapitel des Strafvollzugs – 1933 bis 1945 und danach bis 1989 – schneiden nicht viel besser ab, was Menschenunwürdiges betrifft. Den sprachbegabten Zeugen in Waldheim verschließt oft das Herz den Mund. Und die Schreiber sind wieder fort, meist gehörten sie zu den Insassen der Anstalt, manche, wie der Geheimrat Goethe, zu den kurzfristig weilenden Besuchern der Stadt, geblieben ist kaum einer, nur jene, welche alles mit den Waldheimern teilten – jeden Tag, jede Freude, jede Trauer – wie Andreas Hecht, der Heimatdichter. – Fast glaube ich, dass eine historisch konservierte Bescheidenheit und Ängstlichkeit die Waldheimer von jeher behinderten. Stumm wie ein Baum stehen noch immer manche vor ihrer unteilbaren Geschichte.

In alter Zeit fand man lange nicht über den Fluss, die Zschopau, was aus dem Slawischen übersetzt, die Rauschende/Tosende heißt. Durch die Furt führte die Straße nach Böhmen, über die Brücke auch, doch war sie nur halbbedacht. Der Boden linksseitig des Flusses galt als unfruchtbar, die Eingemeindung musste vom Amt Rochlitz verfügt werden. Leute von jener Flussseite mußten sich in die Kirchgemeinde einkaufen. Brände, Kriege und philiströse Zunftgebaren »Es sollte sich … kein Meister auszeichnen, keiner einen Pfennig mehr verdienen als der andere«, ließen die Stadt nicht reich werden. Das enge Tal behinderte den industriellen Ausbau. Die Vasallenstadt, der Markgrafschaft Meißen und der Herrschaft Kriebstein seit altersher zugehörig, nahm deshalb gesellschaftliche Veränderungen gerne an, duckte sich aber im Tal vor jeder Gefahr und nutzte Neues, um verzweigte Mitschuld auszuästen, auch 1989. Zuweilen wirkt aber selbst nach der Wende Aberglaube nach, was man an der wechselnden Bewirtschaftung des renommierten Ratskellers erleben konnte. Als nach langer Schließzeit eine junge Frau ihn wieder in gediegener und außerordentlich kundenfreundlicher Art betrieben hatte, wurde sie gezwungen, die Bewirtschaftung wieder aufzugeben, und man sagte allen Ernstes: »Auf dem Ratskeller liegt ein Fluch.«

Verständnis für Waldheim, die mehrmals Verarmte, die unbeabsichtigt schuldhaft Verstrickte, die schuldlos Behinderte durch ihr Schicksal, hatten viele Persönlichkeiten. Doch sie fanden ihre Wahrheiten zumeist fern von dieser Heimat. In Waldheim kam sieghafte Euphorie kaum auf, obwohl es einen gab, der seine Geburtsstadt auf besondere Weise ehrte. Als Kurrentesänger mit schöner Knabensingstimme war er ausgezogen, als Wissenschaftler, der aus Steinen und Versteinerungen von Pflanzen und Tieren die Entwicklung des Lebens auf der ganzen Erde und die Erdzeitalter bestimmte, wurde er berühmt und machte Waldheim bekannt. Sein Geburtshaus steht am Markt. Der Zar von Rußland erfüllte seinem Geheimen Rat den Wunsch, zu seinem Namen Johann Gotthelf Fischer noch »... von Waldheim« hinzufügen zu dürfen. Er gilt als einer der letzten Universalgelehrten (1771-1853). Für seine Heimatstadt muss er mit dem Verlassen des Ortes bereits über mehrere Jahrzehnte zuvor gestorben gewesen sein.

Auch der gebürtige Waldheimer, Georg Kolbe (1877-1947), einer der hochgeschätzten deutschen Bildhauer des 20. Jahrhunderts, schuf seine bemerkenswertesten Werke fern der Stadt. Wir erfreuen uns heute noch an seiner »großen Knieenden«, die er der Stadt schenkte. Ein paar Schritte vor der alten Zschopaubrücke schaut sie stumm beeindruckt über den Fluss zum Schloss. Kolbes Harmoniebedürfnis fand auch dort seine Grenzen.

Bildende Künstler gab es und gibt es in Waldheim eine stattliche Anzahl, aber so mancher wirkte oder wirkt selten bis zu seinem Lebensende dort.


*Zum malerischen Waldheim*


Mir drängte sich der Vergleich auf, dass diese Maler und Zeichner wie Distelfalter sind, jene feuerroten und schwarzweiß gezeichneten, seltenen Schmetterlinge, die aus subtropischen Ländern über die Alpen nach Sachsen und auch nach Waldheim geflogen kommen, um hier für kurze Zeit im Jahr zu verweilen. Ausnahmen bestätigen es.

»Und wieder blühet die Linde ...« Die Maleraugen strahlen wie eh und je, wenn sie Waldheim erblicken, und wenn die Betrachter sich erbauen an dem, was sie vorfinden, dann ist Gewesenes nicht mehr im Bild.

Es sind auch vor allem die Landschaftsmaler, die ich in Erinnerung habe, und die nach dem mörderischen Zweiten Weltkrieg ihren Trost in der Natur suchten und fanden: Martin Gebhard, die Malermeister Rudolf Fritsche, Paul Busch, Haferkorn, Körner, ein Herr Geißler aus Kriebethal. Anfang der 50er Jahre des 20. Jahrhunderts traf ich sie während meiner Lehrausbildung zum Maler und in der Volkshochschule; bildkünstlerisches Gestaltungsvermögen war damals Voraussetzung für einen, der räumliche Dekoration erlernen wollte. Martin Gebhard erteilte mir eine Lehre, die ich aus Unkenntnis damals nicht verstand. Bevor er sich über meine bemühten Zeichnungen beugte, um sie zu prüfen, leitete er sein Urteil zuweilen mit den Worten ein: »Na, mein Sohn Brutus …?« Ich wusste nicht, dass Brutus als Mörder seines Vaters Cäsar galt. Gebhards kameradschaftlicher Ton versöhnte mich zwar mit seinem kritischen Urteil, aber etwas Geheimnisvolles spürte ich in seinen Worten. Es war wohl die Skepsis, die er den jungen Anfängern entgegenbrachte mit dieser Floskel. Zugleich forderte er meine Kreativität heraus, und ich habe nicht nur seine Worte bis heute nicht vergessen, sondern auch nicht seine Erwartungshaltung. Erst mit sechzig Jahren erarbeitete ich mir ein Diplom als Karikatur- und Pressezeichner und hätte es ihm gerne gesagt. Martin Gebhard war Absolvent der weltweit geachteten Dresdner Kunstakademie. Er ist einer, der Waldheim nicht mehr verließ.

Alle Maler einte damals, glaube ich, der Wunsch, die freudlose Müdigkeit im Nacken abzuschütteln. Krieg und Nachkrieg hatten Entbehrungen gebracht, und nur die Natur spendete ohne zu fordern. Die Menschen, vielleicht an erster Stelle die Maler, lernten das große Staunen wieder und lehrten uns: Man soll seine Freuden nicht auf den Gründen anderer suchen und gleich gar nicht verachtend auf andere blicken. Ich begriff damals: Das Verächten zeugt von Armut; es erkennt keine Schönheit, keine Liebe, keine Freude. Ob Waldheim eine Tauschale am Morgen ist oder ein waldgeschützter Durchblick zur Sonne, vielleicht auch eine im Abendlicht Träumende — das lehren uns die Maler von Waldheim. Seit wenigen Jahren gehört auch Olga Scheck dazu, die im Ural geboren ist. Im Herbst 2010 waren ihre Bilder im Kulturzentrum zu bewundern. Zum handwerklichen Können gesellte sich ihr Einfühlungsvermögen. Nichts als Farben und Wasser oder Öl und eines Grundes bedarf sie, um uns zu zeigen, wie schön unsere Heimat ist. Die zahllosen Amateure, zu denen auch ich mich rechne, sind mehr oder minder Bildchenmaler und haben dennoch die gleichen Gründe: Freude empfinden und geben, Romantik entdecken mit und in den geschaffenen Bildern. An erster Stelle der beliebtesten Motive stehen das Rathaus, die Burg Kriebstein und die Stadtkirche. Gemeinsam ist ihnen, dass sie sich so harmonisch in die Landschaft einfügen. Das Rathaus bindet die Sonne zu allen Zeiten im Tal, Porphyrstein im Jugendstil; die Burg lässt Geborgenheit im Mittelalter nachempfinden, wilde Zschopau und wilde Wälder ahnen; der Stolz der Stadtkirche Sankt Nikolai ist nicht zu übersehen, und auf seinen vielen Stufen glaubt man zum Zeigefinger Gottes zu steigen. Schon ein alter Pfarrer malte sich grau und klein in Ehrfurcht inmitten eines unwirtlichen Tages auf dem Weg zu ihm.

Den Rahmen zu Waldheim bilden die Laub- und Mischwälder, die der Stadt nicht nur den Namen gegeben haben, sondern auch ihren Reiz für Maler besonders im Frühjahr und im Herbst. Die Blätter entfalten sich in den Farben der ganzen Welt in den ersten Monaten des Jahres und brennen ihre Wünsche ins Zschopautal mit jedem Blatt im Herbst. Das ist das Heim im Walde, und die Maler zeigen es uns. Olga Scheck schaut auf »Eine ruhige Schönheit« – das ist der Rathausturm und ein paar Dächer. »Ein unvergesslicher Augenblick« zeigt diesen Turm erneut im Fenster in zarter Luft mit kleinen Stillleben im Vordergrund und Laternenblumen. Welchen Durchblick hatte die Malerin? – Sie mag keine Bilder ohne Titel, sie will nicht, dass man ihre Werke beim äußerlich erkennbaren Namen nennt. So nannte sie ein Bild mit Schachfiguren nach dem Wettkampf und mit perlenden Tropfen sowie der Königsfigur im Abgang »Überlegungen«. Darin tummelt sich nichts Abstraktes und auch nicht ganz Gegenständliches – etwa wie ein Waldweg – und dennoch hat man das Gefühl, gerade in Waldheim dieser Stimmung begegnet zu sein. Eines von ihren vielen Burg-Kriebstein-Bildern macht einem Frösteln, wenn man davor steht, so empfindsam ist das Wintermotiv wiedergegeben.

Das ganze untere Zschopautal birgt eine Motivfülle. Die Häuser überwuchern die Höhen nicht, die Berge passen in jeden Rahmen, der Fluss scheint sogar noch die Bilder mit Leichtigkeit zu tränken.

Aber auch heute noch zieht es Menschen, vor allem aus unseren drei sächsischen Großstädten, in das untere Zschopautal, in das mittelsächsische Burgenland und nach Waldheim, wo sich auch der Tourismusverband »Sächsisches Heide- und Burgenland e. V.« heimisch fühlt.

Hier ist nicht Stadt- und nicht Berg-, nicht Seen- und nicht Feld- und Waldlandschaft – hier ist Waldheim, das von allen natürlichen Umgebungen und Reizen etwas hat: Und das ist das beinahe Einzigartige und Malerische.

Die Distelfalter verbringen jährlich ihre schönste Zeit hier – sie lieben sich bei uns, bevor sie wieder über die Alpen in den Süden fliegen.

Die industriell verschonte Natur verhalf zur geschützten. Die saubere Zschopau bietet vielen Tieren und Pflanzen eine Heimat. Der anspruchsvollere
Mensch lebt auf einem Traumgrund. Darauf gedeiht die seltene Pflanze Mit-
freude. Wer sich am Gesamtkunstwerk Stadt Waldheim zu erfreuen vermag,
der findet auch seine Teile schön und wahr, ein dialektisches Zwillingspaar
erstrebenswerter Eigenschaften. Es sind nicht nur die repräsentativen Fassa-
den des Jugendstils, die liebevollen Verzierungen an Fenstern und Treppen-
geländern und auch nicht nur landschaftliche Reize, die unser Gefühl berüh-
ren. Das sonnenüberflutete Waldheim lockte ebenso wie sein tropfnasses,
trauriges Gesicht oder die scheinbare Froststarre der verschneiten Heimat
die Maler und Fotografen an. Die ehrlichen Künstler bannten eine Stimmung
in ihrem Werk, die uns heute noch anrührt, ja vielleicht sogar verzaubern
kann, wenn das Wort Zauber nicht als unpassend erscheint. Die Schale liegt
geöffnet vor uns: Waldheim, vom einst überschäumenden Lebenstrunk
genährt sind die dreizehn Hügel noch grün überzogen, auch Zeugen von Vergangenem, das alle Menschen mögen, so unmanipuliert von Marktwirtt-
schaft. Wir ehren die Persönlichkeiten, die Geschichte unseres heimatlichen
Lebensgefühls mitgeschrieben haben – zum Beispiel in den *Waldheimer Hei-
matblättern.*
Wir flirten dankbar und ehrfürchtig mit diesen Leuten. Aber reicht das?
In den letzten Jahren hat sich den Heimatfreunden und den Malern einer
zugesellt, der die optischen, farbigen Töne und die Lobverse, die unsere Heimat preisen, durch akustische ergänzt: Rene Röder, der Kantor. Er entdeckte
nicht nur alte Notenschriften wieder, er ließ die Kompositionen wieder
erklingen. Waldheim singt wieder; also wächst es, sage ich. Aber über der
Lust am Beschaulichen und am Wohlklang, über dem befreiteren Atmen seit
zwanzig Jahren vergessen wir manchmal, unsere Werke zu vollenden. Das ehemalige, renommierte Hotel »Goldner Löwe«, einst auch Goethes Quartier,
steht leer, weil das Gebäude ohne Küche saniert wurde. Am Eingang verrich-
tet hin und wieder ein Arbeitsloser seine Notdurft nach einem Kummer-
schluck. Nicht weit davon träumt das Napoleonhaus vor sich hin vielleicht
von Freiheit, Gleichheit, Brüderlichkeit – dreihundert Jahre nach der Fran-
zösischen Revolution, nur zwanzig nach unserer friedlichen. Die Völker-
schlacht scheint nicht beendet. Gut, wir wollen uns von der Geschichte nicht
umbringen lassen, aber in Waldheim lassen sich damit auch nicht gut Ge-
schäfte machen. Dennoch sind Handwerker und Geschäftsleute die Träger

unserer Gegenwart und unter anderem ist ihnen und den europaweiten Freunden zu verdanken, dass Waldheim nach dem verheerenden Hochwasser von 2002 schöner wurde denn je. Aber wir sollten auch an den Gemeinschaftssinn denken, der dabei herausgefordert wurde und sich bewährte, der zu einem Teil schon in den Jahrzehnten vorher gewachsen war.

Freudige Vorstellungen kann uns die Wirklichkeit nur dann zerstören, wenn wir der Zerstörung nicht entgegenzutreten verstehen. Unlust nährt Unvermögen. Ich glaube, es gibt neben der Winzerlinde hinter den Mauern der Anstalt noch eine Linde, die uns eine Lehre geben kann. Zwischen Waldheim und Rauschenthal führt der Waldweg, jetzt auch schöner Radwanderweg, an einem wenig beachteten Baum vorbei, der siebzehn Stämme aus einem Wurzelstock hat – einst ein Naturdenkmal mit Euleschild. Das Hochwasser riss daneben viele Bäume weg, von dieser erstaunlichen Linde nicht einen einzigen Stamm. Sie hielten alle zusammen.

Stil und Stolz einer Stadt verändern sich nur unmerklich im Wellengang der Zeiten, wenn die Menschen in ihr mit Freuden leben. Ich, als ein gelegentlicher Rand-Waldheimer, möchte an die Sage vom *Heiligen Born* erinnern: Ein frommer Einsiedler lebte von dem, was ihm die Natur schenkte, an dieser Quelle. Sie sprudelt heute noch an der Straße nach Reinsdorf. Er machte den Siedlern Mut und spendete ihnen Trost. Seitdem heißt der Ort Heiligenborn. Es ist also keine »mörderische Sage«. 2011 könnte Heiligenborn 650 Jahre seines Bestehens feiern, aber der Ort ist immer kleiner geworden, was seine Einwohnerzahl betrifft, und er ist jetzt und seit 35 Jahren ein Ortsteil von Waldheim. – Werden er und das Feiern vergessen werden?

Da hat die Nikolai-Kirche mehr Chancen. Was der Förderverein zu ihrer Sanierung auf die Beine stellt, ist vorbildlich und zeitgemäß. Hier wird keine Trauer über Vergangenes auf den Markt getragen und kein Heiligenbild angebetet. Bald wird auch die Waldheimer Kantorei 450 Jahre alt, und es wird schon fleißig Material gesammelt.

Ich habe mich von den Worten an der Kirchenkanzel angesprochen gefühlt: »Seid Täter des Wortes«. Ja, ich weiß, dass hier Gottes Wort gemeint ist, aber ohne diese Ermutigung wären diese, meine Zeilen möglicherweise nicht zustande gekommen und auch nicht ohne die Begegnung mit einigen Schriftstellern. Einer musste in Waldheim »sitzen«, weil er dem anpassungsunwilligen Erich Loest in den 1960er Jahren helfen wollte. Seine Erzählungen und das Eingeständnis, dass sein Großvater in dem Gefängnis vor vielen Jahrzehnten als Beamter gearbeitet hatte, öffneten mir u. a. den Weg zu heutiger Toleranz und zum weiteren Verständnis des Vergangenen.

Wenn wir vom Gewesenen Abschied nehmen, sollten wir es mit Liebe tun, die Menschen mit ihren Fehlern annehmen, um uns Enttäuschungen zu ersparen und um ungehindert in die Zukunft blicken zu können.

Mit Waldheim ist es nicht anders.

Nur Gleichgültigkeit versteinert, schafft Gemäuer, die Sonne nicht durchlässt.

Die Aura von Waldheim ist auf lichtlosen Wegen nicht zu finden, aber auch nicht nur auf den lustvollen. Das jährliche Stadtfest, glaube ich, obwohl der Eintritt kostenfrei ist, und auch die beliebten Faschingsvergnügen, zeitigen weniger Tiefenwirkung als die Veranstaltungen des erwähnten Fördervereins. Unsere Altvorderen nannten die Lust eine Stiefschwester der Freude.

Das Buch »Waldheim in alten Ansichten« erschien 1994 – Dank Hans-Gert Buchwalds – meines Wissens letztmalig. Im übertragenen Sinne sollte es auch so bleiben.

Natur und Kommune haben Waldheim zu dem gemacht, was es heute ist. Das erkannte auch Waldheims erster Bürgermeister nach der Wende. 1991 schrieb Karl-Heinz Teichert im Geleitwort zum Buch »Waldheim – die Perle des Zschopautales«: »Bewahren wir die Liebe zu unserer Heimat, ... denn sie hat Weltanschauungen und Systeme überdauert. – Hüten wir unsere reizvolle Natur, sie ist der größte Schatz, den wir Waldheimer besitzen.«

Viele, viele Persönlichkeiten prägten Waldheim mit, die ich nicht kennen lernen konnte. Unsere Linden grünen jedes Jahr. In der uralten Winzer-Linde mit ihrer Stahlbandage um den Stamm nisten die Vögel seit Jahrhunderten immer wieder und fliegen ungehindert ein und aus. Den Heiligen Born beschatteten ebenfalls Linden. Es möge das Wort *lind* mit lau und unentschlossen gedeutet werden; ich halte mich ans *Lindern.* Gute und böse Erfahrungen halten sich beim Abschied oft die Waage, aber ich weiß auch, dass eine Perle erst richtig wertvoll wird, wenn sie poliert ist.

Viele grünende Hoffnungen sind in Waldheim gestorben, und gerade unter dem genannten Baum werden noch immer Tränen von der Erde eingesaugt werden, wie es im Lied eines unbekannten Dichters heißt. Wir sollten unsere Lebenserfahrungen in eine Art schmerzliche Heiterkeit verwandeln, die eigene persönliche Lebensfreude zur Heimatliebe macht. – Ich werde irgendwann Waldheim endgültig verlassen müssen, aber es wird immer meine Schreibheimat bleiben.

Und noch eins: Selbstverständliches Verwittern trägt das Hoffen in sich, kann Samen bergen für neue Freuden. Wir sollten den Linden die morschen Äste nicht immer absägen, bevor diese sie selbst abstoßen und den Brunnensteinen das Moos nicht wegscheuern. Verdankt das Städtlein seine Erbaulichkeit nicht auch der Einrichtung hinter den Mauern, weil die Waldheimer seit Jahrhunderten die Menschen dort zur Arbeit anhielten? Verwittern ist ein Prozess, das kann uns die Natur um Waldheim lehren.


Nachbemerkung: Diesen Text begann ich 1989 zu schreiben – zum 800jährigen Jubiläum der Stadt – und vollendete ihn zu Beginn des Jahres 2011, da man *650 Jahre Heiligenborn* begehen könnte.

# DER RUCKSACK

Mit einem Ruck nimmt man den Sack auf den Rücken, zieht die Riemen oder Bänder fest über die Schultern, rückt die Last zurecht und schreitet damit fort. Die Hände sind frei, der Geist scheint es auch zu sein. Man kann mit einem Rucksack auch gut schlafen. Ich lernte es durch einen meiner vielen Wohnungswechsel kennen.

Damals wohnte ich noch in D., in der Neustadt, und zur Untermiete und neben mir Susanne, eine Studentin. Wir hatten in dem unsanierten Haus eine gemeinsame Tür, die aber als solche nicht benutzbar gewesen ist. Die vielen Zimmerfluchten auf dem langen Korridor verrieten, dass einmal von Zimmer zu Zimmer gegangen werden konnte, in der ehemaligen Etagenwohnung. Die Vertrautheit zwischen mir und Susanne hielt sich in Grenzen. Unsere gemeinsame Tür diente mir als Bücherregal, auf Susannes Seite war eine Hartfaserplatte angenagelt gewesen, aber von einem ihrer Vormieter zerbrochen worden. Sie entfernte sie ganz und fragte mich: Wenn sie ein schönes Poster nur aufkleben würde, ob es mir dann zu laut wäre? Ich verneinte. Ihre brüchige Altstimme erinnerte mich an meine Mutter, an eine Chansonsängerin und an erkältete Fräuleins im Frühling, die sich nicht trauen, einen Mann zu küssen. Jedenfalls war damit etwas von Leben in meine Bude gekommen, denn ich sah selten fern und hörte wenig Radio. Ich wusste bald, wenn Susanne keine passende Strumpfhose fand oder dass ihr die Zahnbürste nicht passte und welche Musik sie bevorzugte, und später erfuhr ich, dass sie Rucksäcke liebte. Susanne und ich kauften beim gleichen Bäcker in der Görlitzer Straße, erledigten unsere Hausordnung in ähnlicher Weise und frühstückten etwa zur gleichen Zeit am Wochenende, fast wie in Familie. Eines Tages hörte ich aus ihrem Zimmer eine Männerstimme, nicht gerade eine Fistelstimme, aber für meine Begriffe unmännlich hoch. Ich lauschte konzentriert, kippte versehentlich meinen gefüllten Zahnputzbecher um und war den ganzen Tag verstimmt. Nach wenigen Tagen, an denen ich allmählich wieder heiterer wurde, raubte mir diese Stimme erneut die Konzentration, ich brüllte völlig unmotiviert: »Ruhe!« Dann drehte ich mein Radio auf mehr als Zimmerlautstärke; der Raum vibrierte vom eingezogenen Zwischendeckenboden über meiner Tür bis zu den Dielen; die überladenen Möbel stimmten sonor in das unmusikalische Proteststück ein, bis ich die Aus-Taste drückte und fluchtartig den Raum, den langen, düsteren Korridor und das verräterisch gestimmte Haus verließ, eine Stunde früher, als ich wollte und musste.

Als ich Tage später Susanne traf, war eine Entschuldigung meinerseits unpassender denn je. Sie stellte mir ihren Freund Knut vor, und er sprach mit unmännlich hoher Stimme, aber sehr erfreut mit mir. Benachbarte Räume und gleiche Zeit seien hinreichende Indizien für Beziehungen, erklärte er lachend und gutmütig, natürlich auch er ein Student. Ich lachte, und Susanne strahlte geradezu. Er trug einen Rucksack, ein uraltes Stück, vermutete ich, leicht fleckig, olivgrüngelb und vielbenutzt. »Wo es doch so schicke, bunte heutzutage gibt?« fragte ich mich und spürte noch immer einen kleinen Schmerz irgendwo in der Brust. Der hatte sich festgesetzt, und ich hatte es gar nicht gemerkt. Mein Raumgefühl stabilisierte sich zusehends, meine Laune ebenfalls, bis ich eines späten Abends, da ich meinen Kopf ermüdet auf einem meiner Bücher wiederfand, ein eigenartiges, nicht unschönes, ja liebliches Geraune hörte, das meine innere Instabilität ruckartig wieder wach rief. »Erneut eine fremde Stimme?« argwöhnte ich. Ein Ausländer vielleicht? Doch meinte ich auch, die Stimme Susannes zu vernehmen, aber leise, eher ein Hauchen, als ein ordentliches Artikulieren, etwa so: »Du bistmin, ich bindin, des soltdu gewissin. Du bist beslozzen …« Ich schalt mich einen alten, dummen Knaben , und obwohl es keinerlei Beweise für meinen Verdacht gab, wurde ich unruhig, wenn sich in den folgenden Tagen etwas Ungewöhnliches hinter der Tür regte. Das muss Susanne wohl gespürt, aber nicht verstanden haben. Unsere Begegnungen fielen kürzer aus, die gewechselten Worte wirkten unterkühlt. Eines Tages teilte sie mir mit: »Ich fahre mit Knut in den Urlaub. – Schönen Sommer!« wünschte sie mir und verschwand aus meinem Lebensraum, denn ich zog um.

Keine sprechende Tür, keine Susanne. Ein Knut hatte sie mir genommen, urteilte ich oberflächlich, ein »Rucksack-Knut«. Solche Säcke kannte ich! rumorte es in mir, und mir half eine Kindheitserinnerung: Eines Morgens stand meine Mutter mit zerrauftem Haar vor meinem Bett und schrie fast: »Bei uns hat man eingebrochen!« Wir waren arm, und dass nur Wurst, Käse, Brot und zwei Gläser Heidelbeeren fehlten, aber alles in Kriegszeiten geschah, steigerte unseren Ärger. Wir vermuteten Ausgebrochene aus dem nahen Gefängnis. Das kam damals häufig vor, denn alle Gefangenen mussten arbeiten, oft im Freien, vor allem die Osteuropäer. Wir zeigten es an, und wussten: damit war's erledigt. »Die armen Kerle«, sagte meine Mutter, »wollten sicher nach Hause. Der drin war, muss ja spindeldürre gewesen sein.« Unser sogenanntes Gewölbe, obwohl ebenerdig, hatte nur ein Kellerfenster, und das war nur mit Gaze bespannt gewesen. Uns hatten die Räuber einen fettigen, dreckigen, zerrissenen Rucksack dagelassen, und unseren, von gleicher Grundfarbe, durch Mutter regelmäßig sauber gescheuert, mitgenommen.

Meinen Ekel überlagerten damals die Bestürzung und ein aufkommendes Mitleid. Nun vermochte ich, diese Abneigung ohne weiteres auf »Rucksack-Knut« zu übertragen. Das half mir über eine Zeit hinweg, das unvollkommene Raumgefühl in meiner neuen Wohnung zu ertragen, bis mir eines Tages »Rucksack-Fritz« in den Sinn kam. Es trieb mir die Schamröte ins Gesicht. Es könnte doch sein, schoss es mir durch den Kopf, dass beide miteinander verwandt sind. Fritz, genoss in meinem Leben eine besondere Achtung. »Rucksack-Fritz« nannte man den Bigadier nur auf dem Bau. Das ist lange her. Damals wohnte ich noch in L.

Als ich Fritz kennenlernte, trug er den Rucksack sehr häufig, ohne darin etwas zu transportieren. Die jüngeren Bauleute beargwöhnten ihn deshalb, die älteren akzeptierten seine Marotte. Ich verhielt mich verständnisgierig, doch zurückhaltend im Urteil. Ich genoss sein Vertrauen. Seine weinrote Strickmütze holte ich ihm einmal von ganz unten, als sie der Sturm aus dem 16. Geschoss des Rohbaues fortgetragen hatte. Das Wohnhaus war eines seiner vielen Baustellen damals. Sein Haar war licht, grau noch nicht sehr, als er sich bei mir entschuldigte, weil er zur Rentenstelle musste. Da trug er die Aktentasche mit den Antragspapieren im Rucksack. Kurz vorher war ich in seinem Garten gewesen; für mitteleuropäische botanische Verhältnisse ein bemerkenswert fülliges Terrain. Hochstämmige Blaubeeren, buschgroße, fruchtreiche Apfelbäume, auch solche, die nur bei ihm kaum vergreisten, Ranken, Reben, Beeren, wohin man sah und langte. »Iss nur, wenn's dir schmeckt!« Und Blumen! – Die Sonne sank vor Ehrfurcht in die grüne Fülle, und Fritz's Frau schwärmte von den Nächten in Rastenburg, wo Fritz so herrlich Geige gespielt habe, so fern, so fern von Sachsen. Ihr Adam hieß Fritz.

Fritz kann nicht mehr spielen.

Fritz kann noch leben.

Einmal wusste er es nicht.

Fritz wusste nichts vom Kriegsende, nichts vom Tode des feigen, deutschen Irre-Führers, nichts von Angehörigen. Und erst wollte er auch nichts wissen. Eine Krankenschwester versuchte, ihn zu erinnern: »Sprechen Sie bitte!« – »Lachen Sie bitte!« Instinktiv hatte er die Hände vor die Ohren gehalten und die Augen geschlossen.

Als er noch ein ganzer Mensch gewesen war, erlebte er an der Ostfront manches kriegerische Intermezzo und wurde mehrmals verwundet. Das nachhaltigste Konzert seines Lebens aber verschaffte ihm eine besonders aufgelockerte Zerstreuung von virtuosen Disharmonien. Danach hatte er fast ein halbes Jahr lang nahezu alles vergessen. Er lebte in Alpträumen, wurde getränkt, gefüttert, verbunden, gespritzt, gewindelt, umgebettet, erst im Lazarettzug, dann in einem Krankenhaus in Sachsen. Und alles geschah außerhalb seines Ichs. Erst, als das Frühlingsgrün hinter dem Fenster webte und kräftiger wurde, und er den Busen seiner Krankenschwester berührte, war er bereit, sich zu erinnern. Und er erzählte das Paradigma seiner Kriegserlebnisse im Jahr 1944:

Eine Woche ununterbrochener Beschuss. Die Front war zur Seelenachse seines Körpers geworden. Ängstlich dachte er daran, dass Musik und Weib einmal nicht mehr wären, besonders seine. Wie hieß es, was man ihm einst in Geigenspiel-Zeiten so angelobt hatte? – Allegro con fuoco – lebhaft mit Feuer! – So grell, so widerlich brutal stürzte das tagelang über ihn her, dass er nicht mehr wusste, was Musik ist, dass er entnervt plötzlich aus dem halbwegs sicheren Schützengraben herausstieg, sich auf den Schutzwall setzte, um der Furie Krieg in die Augen sehen zu können. Er hörte neben den Explosionen, neben Pfeifen und Detonieren noch des Feldwebels freundliche Worte: »Komm runter, du selten blöder Hund!« Dann flog ihm ein fremder Arm gegen die Brust, und vielleicht hat ein Gegenüber ihn mit dem erstaunten Ausruf »Ein Fritz! Ein Fritz!« über Kimme und Korn angepeilt. Es waren mehrere Schmerzstellen, die des Fritzes Hände von den Ohren abberufen hatten. Sein Glück: Es war alles noch dran an Fritz.

Der Taubstumme auf Zeit erinnerte sich schließlich nach tausend Jahren »Reichsverwesung«, der Führervorsehung zum Trotz, nach tausend Kilometern bewusstloser Fahrt durch schwindendes deutsches Reichsgebiet und nach zehn erhaltenen deutschen Mark, die tausend Mark Kriegsabfindung entsprachen, des Lebens und kaufte sich dafür zwei Zigaretten auf dem Schwarzen Markt.

Einige Zeit davor, als er fast alles wieder gelernt hatte, auch das Gehen, nur nicht das Geigespielen, trat er oft ans Fenster und sah hinab auf das ansonsten triste Krankenhausareal und erfreute sich des ungeschundenen Hofes, der narbenfreien Wiesenflächen und der unverwundeten Bäume in ihrem saftigsten Grün. Da schritt eines Tages ein Mann über den Hof mit einem Rucksack. Außer sich vor Erregung rief er die Schwester, packte sie mit seinen nun wieder kräftigen Armen, trug sie fast zum Fenster und rief wieder und wieder: »Dort geht mein Vater! Mein Vater geht dort! Bitte, holen Sie mir ihn, Schwester! Bitte!!« Sie ging, aber sie holte ihn nicht, denn es war nicht Fritz's Vater. Oh, ich verstehe ihn heute noch besser. Wie oft kriege ich Herzklopfen, wenn ich so einen Rucksack in der Menge sehe! Gehen da Knut und Susanne? – Fritz wusste von jenem Tage an endgültig, was ihm alles fehlte. Er legte sich ebenso einen olivgrüngelben Rucksack zu wie ihn sein Vater getragen hatte. Er arbeitete auch wieder auf dem Bau und vermisste seine Familie sehr. Fritz suchte und fand sie schließlich, lange nachdem er die Krankenstation verlassen hatte, und zwar Dank des Rucksacks, den er ständig zu tragen pflegte. Er wirkte wie ein Signal. Auf dem Hauptbahnhof von L. hatte er einen Maurerkollegen aus Rastenburg getroffen und dem war in Berlin ein Rastenburger Briefträger begegnet – und so weiter bis 1947.

Ich fragte mich, ob Knut vielleicht zu jener Familie gehörte. Konnte nicht auch ein Knut so mit dem Rucksack gehen wie Fritz? Der vertrat seinen Vater nun wirklich, und stolz ging er mit dem Rucksack. Aber was war mit mit Susanne? – Manchmal verschwindet ein Mensch so schnell.

Und so erging es Fritz's Vater: An einem paradiesisch schönen Tag in Ostpreußen, als der Westwind von Allenstein her durch die masurischen Wälder etwas heftiger blies, arbeitete Fritz, der, wie sein Vater, Zimmermann gelernt hatte, in der Nähe der Baustelle, wo sein Vater nach längerer Arbeitslosigkeit wieder beschäftigt war – Dank des Führers! Er hatte die Betonwände des östlichsten Führerhauptquartiers, des unbesiegbarsten, einzuschalen gehabt. An jenem Tage waren von dort zwei Männer zu Fritz gekommen, und sie hatten ihm seines Vaters Rucksack gebracht. Der eine machte ein weinerliches Gesicht und quäkte. »Er hat einen Eichenzweig aus dem frischen Beton des Führers herausholen wollen, verstehste, ein selten blöder Hund. Verstehste …«, hat er fast zärtlich gesagt, »und dann ist er kopfüber, du verstehst, … einbetoniert.« Der andere schnarrte etwas von »… für Führer, Volk und Vaterland!«

Fritz verstand lange nicht. Als ältester von fünf Geschwistern an Vaters Stelle zu treten, war er sofort bereit gewesen. Aber der Führer brauchte ihn woanders im Arbeits- und Frontdienst.

Wo brauchte man Knut und Susanne? Ja, ich hatte recherchiert: Sie war auch weggezogen. Aber wohin? Alles ist so paradox, sage ich Ihnen!

Der kleinere Schwindel DDR war auszuhalten gewesen für Fritz, und nach einigen Jahren angestrengter Arbeit hatte sich ihm ein Wohlgfühl im Kollegen- und Familienkreis bemächtigt, bis eines Tages der Rucksack weg war. – Nicht einmal der Verdacht eines Schmunzelns veränderte sein wettergebräuntes Gesicht. Nur sein Blick glitt immer wieder verständnislos zu seinem Spind. Dort hatte er immer gelegen, den ganzen langen Arbeitstag und Jahr für Jahr, bevor er ihn täglich nach Hause getragen hatte wie einst sein Vater den seinen. Und nun war er weg. Fritz's blickte häufiger in die Ferne. Als er nach Hause ging, sah man, dass ihm etwas fehlte, er lief unsicher, manchmal straffte er sich abrupt, fiel aber bald wieder in seine gewöhnliche, leicht gebeugte Haltung zurück, die auf das Rucksacktragen zurückzuführen war. Worauf sonst? Die Aktentasche wechselte er von einer Hand in die andere. Zu Hause sagte er zu seiner Frau: »Mutter wir werden alt.« Das hatte er noch nie gesagt. Sie hatte ihm immer den Rucksack abgenommen, in dem nichts drin war. Dann hatten sie beide dagesessen und in eine weite Ferne gesehen. Am folgenden Tag hatte Jochen seinen Vorzeige-Brigadier, den parteilosen Genossen Fritz, zu einer Versammlung eingeladen. Fritz saß und saß auch nicht, hörte und hörte auch nicht, den Blick in der Ferne. – »Na, was sagst du zu dem Vorfall, Fritz?« wurde er gefragt. Der antwortete bedächtig: »Es ist immer schlimm, wenn etwas wegkommt, besonders, wenn es keinem anderen etwas nützt.« Ein dem Fritz fremder Genosse protestierte laut: »Na, hör mal! Die Unterlagen einer ganzen Taktstraße – nutzlos??!«« – »Ach, er meint seinen Rucksack!« beschwichtigte Jochen, der Parteisekretär. – Fritz nickte. Die Einheitsgesichter belebten sich mit spöttischem Lächeln, zynischen Bemerkungen, aufmunternden Gesten und mitleidigen Blicken. Fritz halfen sie nicht. Er ging auf Arbeit ohne Rucksack, schritt in den Feierabend ohne Rucksack und wurde immer wortkarger. »Fehlt dir was, Fritz?« frage man ihn. Er schüttelte den Kopf. Aber er hatte ein starkes Herz, das hatten ihm die Ärzte immer wieder bestätigt. – Plötzlich lag der Rucksack wieder auf seinem Platz. – Das war die Zeit, bevor Fritz in Rente ging. Ein Vertrauter von Jochen glaubte, Fritz trösten zu können, als er ihm vertraulich zuraunte: »Es war die Stasi.« – Fritz ging dann froh und ganz pünktlich in Rente, zur Überraschung seiner Kollegen.

Seit mir die Fritz-Geschichte wieder eingefallen ist, plagt mich das schlechte Gewissen bezüglich Knut und Susanne. Da kann man sich vorstellen, wie erleichtert ich war, als ich eines Tages Susanne in der Neustadt begegnete. Sie kam auf mich zugeschwebt. So viel Herzlichkeit hatte ich nicht erwartet. »In die Kästner-Kneipe!« schlug ich vor. Wir gingen aber in eine andere Richtung. Alle Wege führen zu ihr, dachte ich selig. Alaunstraße, Böhmische, Görlitzer. Verkommene, verschmutzte Jugendstilfassaden zwischen farbfreudig sanierten Häusern, als hingen alte Rucksäcke neben Prachtkraxen. Wir schwebten vorbei. Am Bischofsweg schwenkte Susanne plötzlich in das »Café

Hundert« ein, und wir setzten uns in den Weinkeller. Ich war zufrieden. Sie erzählte vom Urlaub, ich lauschte und sonnte mich neben ihr. Natürlich sprach sie auch von Knut, doch er gehörte zu diesem Zeitpunkt zu jenen fernen Wellen, die dort im Urlaub verebbten. Ich badete in dem Gefühl, ihr jetzt ganz nahe zu sein. Da nahm sie meine Hand und legte sie auf ihren Leib. »Fühlen Sie mal!« bat sie flüsternd. Ich fühlte und wurde wortkarger, denn ich begriff: Darin wächst ein kleiner Knut. Susanne aber zitierte im Überschwang ihrer Mutterfreude ein altes deutsches Gedicht, von dem mir einiges bekannt vor kam, was ich ihr auch sagte. Da zog sie mich verschwörerisch zu sich heran und raunte wie an jenem späten Abend, als ich den vermeintlichen Ausländer bei ihr zu hören geglaubt hatte: »Knut vergaß damals seinen leeren Rucksack bei mir, und ich habe mit dem Rucksack geschlafen. Bis zum Einschlafen lernte ich mittelhochdeutsche Dichtung.« Ich nickte freundlich der Germanistikstudentin zu, als sie rezitierte: »... du bist beslozzen in minem herzen: verloren ist daz slüzzelin, du muost immer drinne sin. – Schön nicht?!« fragte sie dazwischen. – Ich nickte nur. »Kuma, kum, geselle min, ich entbite harte din.« So sprach sie weiter, und plötzlich stand ihr Geselle neben uns: Knut. Sie sprang ihm an den Hals, und ich verabschiedete mich artig von beiden.

Da muss ein Großvater, der nicht dazugehört, gehen. – Ich sah sie nicht wieder.

Wer Knut auch immer ist, ich behalte ihn in Erinnerung an der Schwelle dieses Jahrhunderts. Den Rucksack würde er vielleicht »Memory-Mumie« nennen; ich meine: Es steckt mehr darin, als man gewöhnlich tragen kann.

# DIE FABEL
## VOM SCHLANGEN- UND KANINCHENBUND

Einst lebten Schlangen und Kaninchen in **einem** Gebiet.

Da wurden sie durch eine Grenze getrennt.

Die Kaninchen bauten einen Höhlengang nach dem anderen.

Nach einiger Zeit verschwand die Grenze, und die Kaninchen konnten wieder zu den Schlangen und die Schlangen wieder zu den Kaninchen, und alle freuten sich.

Die neuen Generationen kannten sich aber nicht, und alle waren neugierig aufeinander.

Besonders neugierig waren die Kaninchen, denn ihnen war gesagt worden, die Schlangen seien alle Giftschlangen. Diese gaben sich aber gar nicht giftig, und sie lächelten die Kaninchen sehr satt an.

Als dann aber die ersten Kaninchen von einigen Schlangen verschlungen worden waren, was die Schlangen für völlig normal hielten, erschraken die Kaninchen sehr. Sie saßen starr und wehrlos vor den Schlangen und erwarteten ihr Schicksal.

Schließlich rief ein Kaninchen: »Eine Schlange muss unser Oberkaninchen werden!« Es hoffte dadurch auf Verständnis und Rettung.

Es fand sich eine Schlange, die sich dafür hergab. Aber die Schlangen konnten das Fressen nicht lassen. Nur manchen war es peinlich. So eine kam auf die Idee, sich als Kaninchen zu verkleiden. Bald machte es ein Kaninchen als Selbstschutz ebenso; es verkleidete sich als Schlange. Beider Beispiel machte Schule.

Fortan vermochte man manche Kaninchen nicht mehr von manchen Schlangen zu unterscheiden. Nur, wenn wieder einmal eine Schlange ein Kaninchen verschluckt hatte, wurde die Täuschung offensichtlich. Die Schlange wurde um den Kaninchenkörper dicker.

Da lärmten die Kaninchen laut, und quiekten erbärmlich, so dass sich die Schlangen oft wieder hinter die ehemalige Grenze begaben. Doch sie brauchten die Kaninchen zum Gängegraben, in die sie sich gerne zurückzogen, wenn es ihnen auf der Erde zu heiß wurde. Und die Kaninchen suchten die Nähe der Schlangen zu ihrem Schutz, und sie verschmerzten ihre Opfer.

Das war der Preis der neuen Einheit.

# BORN ZWISCHEN DEN WASSERN

»… Jahrhundertflut, Jahrtausendflut – was weiß ich?!« sagte Borns Sohn Kai am Handy.

Er ging unruhig unter einer Arkade der alten, aufgemöbelten Alaunstraße hin und her und biss fast ins Telefon. Über ihm schwang eine Weihnachtsgirlande im Grau des Adventstages, und es regnete; nichts Neues in diesem Jahr 2002. – »Mein Vater nervt mich, obwohl uns nichts passiert ist bis auf ein paar abgesoffene Bücher. Ich soll sie jetzt verkaufen; die versauten Schwarten sind kaum noch gut fürs Antiquariat. – Du musst mir helfen, Torsten; du hast doch Ahnung.«

Sein Vater, Matthias Born, genoss unterdessen in der Kästnerkneipe mit seinem ehemaligen Freund Werner das Wiedersehen beim Bier.

»Als das Hochwasser kam, war ich unterwegs und wollte nach Hause, …«, begann Born. – Er musste die zahlreichen Flüsse und Bäche überqueren, dachte daran, wie es aussähe, wenn der Himmel sie spiegeln würde. Sie glichen einem silbernen Kamm, der sein Sachsen schön kämmt – vom Erzgebirge bis hinunter in die Elbauen. Noch blühte das Indische Springkraut blassrosa und üppig an ihren Ufern, noch sah Born nicht die drohenden blaugrauen Wolken, die von mehreren Seiten über das Land gezogen kamen. Der Wetterbericht, dem man im Radio eine Unwetterwarnung anhängte, beunruhigte Born nicht.

Er sonnte sich am Lenkrad.

»In Mittelsachsen spielte die Natur noch nie verrückt …« erzählte Born. Er hatte zwei Fahrtziele: Dresden oder Waldheim. »Ich peilte Dresden an. – Doch so schnell habe ich das Tageslicht noch nie schwinden sehen. Ich – auf die Autobahn! Und plötzlich fuhr, ach, was: schlingerte man in einer großen Höhle, die Wände aus Wasser. Wenn die Lichter der anderen Fahrzeuge nicht gewesen wären, … Verstehste? Das war Aquaplaning! Wie schnell? Zwischen dreißig und sechzig, ja, auf der Autobahn … Gas … Bremse … Gas. Ich hörte aufmerksamer Radio. In Dresden waren schon einige Brücken gesperrt. Ich muss über keine Brücke, beruhigte ich mich. Vor Dresden Stau und Kontrolle. Im Rundfunk meldete man die Räumung von Uferzonen. Ich wohne nicht an der Elbe, sagte ich mir. Es nützte nichts. Ich hatte nicht bedacht, dass ich kein Dresdner Kfz-Kennzeichen am Pkw hatte und die Nebenwohnung in meinen Papieren stand. So galt ich als Katastrophentourist. Die Polizei schickte mich auf die Gegenfahrbahn, und ich musste zurückfahren.« Kai drehte sich das Handy fast ins Ohr. Er bettelte: »Bitte, Torsten, ich habe dir auch schon geholfen?!« Dessen Antwort schien zu schwanken wie die Lichterketten über der Straße. »Wie es aussieht – das Buch? Braun, dunkel und hell und …« Kai bohrte im Ohr.

Währenddessen erzählte sein Vater: »Ich kam nur bis Nossen. Die Straße zur Freiberger Mulde – total verstopft. Ich stieg aus. In keinem Fahrzeug saß ein Mensch. Die Leute abenteuerten alle hinunter zum Fluss. Es hatte nämlich aufgehört zu regnen, und die Sonne schien wieder. Da konnte man sich ungefährdet einen Blick auf das irre Flussbett erlauben. Du kennst ja die Bilder …«

Born sprach nicht davon, was er dort empfand, tat und sah: Die Brücke in einer verzweifelten Haltung, wie eine Mutter, die ihre Kinder nicht mehr bändigen kann. Spielzeug hatten sie angeschleppt: Bretter, Äste, Zaunsfelder und Eimer, Planen und Folien und … und … – Zivilisationsmüll. Born konnte noch denken: eine überraschende Entsorgungsmöglichkeit!

Aber er empfand das Hochwasser nicht mehr als Schauspiel, als er eine Frau sah, die aus einem alten Haus am Fluss mühsam volle Eimer und Körbe durch das Wasser trug, sie auf einem Zementpodest absetzte und zurückeilte. Das Wasser stand schon bis unter die Fenster des Erdgeschosses. Rat- und regungslos hatte Born zunächst auf die Szene geschaut, da entglitt der Frau etwas, rutschte in die Flut mit einem klatschenden Geräusch, einem Kommando ähnlich. Born watete zu ihr hin, während die anderen gaffend vor der beständig steigenden Flut zurückwichen. Die Frau versuchte, den Keller und das Erdgeschoss zu räumen, und Born half ihr dabei.

Durch eines der Kellerfenster schoss lehmiges Wasser schäumend herein, und Born dachte erstmals an sein altes Fachwerkhäuschen in Waldheim. Aber er sah auch ihre schönen, hellbraunen Augen und hörte sie schreien: »Um Gottes Willen, das Werkzeug meines Mannes!« Sie war auf den kleinen, flussseitigen Schuppen zugestürzt. Er ruderte durch das mehr als kniehohe Wasser, brach schon nach den ersten Schritten im Schuppen ein und wusste in dem Moment, dass er nach Waldheim musste. »Mein Haus steht an der Zschopau, ich muss jetzt dorthin.« sagte er zu ihr, und sie nickte mehrmals zerstreut, aber so, als sei jetzt alles selbstverständlich, und lief in ihr Haus und er zu seinem Auto.

»Innen ist's vergilbt, und es riecht nach Moder und Essig. Eine Bibel …« sagte draußen an der Straße Kai dem Freund und las laut: »… *oder die ganze*

*Heilige Schrift des Alten und Neuen Testaments, nach der Uebersetzung D. Martin Luthers.* Das ist der ganze Titel. Das Jahr ist nicht mehr zu lesen. Aufgeweicht, abgerissen. Wie? Bringt nichts?? Warum? Ach, so, es gibt zu viele.« Irgendwo spielte ein Leierkasten »O Tannenbaum ...«

»Ich hatte Glück, kam raus aus Nossen, umfuhr die Stadt in großem Bogen und erreichte Waldheim. Auf unserer Straße standen die Leute unschlüssig herum. Sie sollten die Häuser verlassen, die Autos aus Flussnähe fahren. Die Sperrmauer der Talsperre Kriebstein bricht! Aus einem Lautsprecherwagen hätte man's gerufen von der Kriebsteiner her. Da drüben fuhren nur noch wenige Fahrzeuge, und man hörte sie nicht mehr; die Zschopau rauschte stärker.«

»Ich habe noch ein ält'res Buch, een kleenes Ding mit Metallverschluss. Schätze: ziemlich alt.« Kai nahm das Büchlein aus der Tasche. Der Leierkasten spielte.

Matthias Born, am Biertisch, hörte wieder die bebende Stimme der Nachbarsfrau, die bleichen Gesichts mehrmals ratlos gefragt hatte: Wohin denn? Wohin sollen wir? Und meine Papiere? Ich weiß gar nicht, wo die alle sind. Sie hatten das ganze Haus umgebaut, modernisiert, waren kaum fertig damit. Ihr Mann blickte finster zum Fluss und meinte mit brüchiger Stimme: Wenn die Flut kommt, ist sowieso alles weg.

»Die Welle sollte schon halb drei kommen«, setzte Matthias Born seine Erzählung fort, »inzwischen war es halb sechs geworden. Eine neulich erst zugezogene Frau brachte ihre zwei kleinen Kinder auf den Berg zu einem Ehepaar. Ich schaffte ein paar Wertsachen zu Elfriede, einer Bekannten, die auf dem halben Berg wohnt. Das Ohr hielt ich abwechselnd ans Radio und ans Handy. Nein, sonst verließ niemand sein Haus; ich bin auch wieder 'nunter in meins, ohne Wagen. Die Zschopau stieg nur unmerklich. Sie schwappte aber schon durch die Ligusterhecke des Nachbarn, als es dunkel wurde.«

»Bist du in der Nacht im Haus geblieben?« »Ja.«

»Die anderen Bücher? Die kannste voll vergessen!« antwortete Kai dem Torsten. »Sind alle aus'm Leim gegangen. Du willst sie sehen? Hm. Kannst sie so nicht beurteilen. Verstehe.« Kai seufzte hörbar. Das »O Tannenbaum« schwebte darüber.

»Das war 'ne Nacht! Um zehn rief mein Sohn aus Dresden an. Der kleine Flutgraben hundert Meter vorm Haus, der im Sommer trocken ist, hatte die ganze Umgebung überflutet. Auch die Keller. Ich hatte Bücher drin! In einer Plastikkiste und eingewickelt, aber nicht gegen Wasser geschützt. Die sind fort! dachte ich. Es waren alte, nur zwischengelagert; ich wollte ein neues Regal für sie aufstellen.«

»Ja, das kleene Buch. Der Metallverschluss an der Seite geht jetzt nicht mehr zu; aufgequollen, verstehste? Jetzt ist es trocken. Am Rücken guckt die Leinwand durch, aber sonst ist es okay.« beteuerte Kai auf der Straße. »Ich hatte meinem Alten gesagt, er soll die Bücher aufblättern und aufstellen, damit sie an der Luft trocknen. Der wollte mit'm Heißlüfter … Hätte ja fast geheult. Dann hat er sie, Blatt für Blatt, umgeschlagen und tagelang trocknen lassen. Was soll ich? – Lesen?? – den Titel?« Der Leierkasten spielte jetzt »Stille Nacht, heilige Nacht …« Kai las halblaut: »Das Andächtige Kind Gottes / Wie sich's Gottgefällig zu bezeigen hat / Vor – Bey – und nach der Beichte und H. Abendmahl …« »Was? Ja, das waren alles so heilige Bücher.« Die Musik spielte, und Kai fragte erregt: »Na, was ist es wert? Erscheinungsjahr? 1719. Was? – sehr wertvoll?«

»Ich hatte mich angezogen aufs Bett gelegt, schlief ein, wachte auf und immer so fort. So dunkel und ruhig wars lange nicht. Man hörte nur das Strömen der Zschopau, und manchmal knurrte sie, wie aus dem Bauche. Nur dieses Geräusch füllte das Tal. Im Gebirge regnete es weiter. Der Strahl meiner Taschenlampe tastete sich kaum bis zur Hecke. Durchs offene Fenster mischte sich der Fluss in meine Träume: Er schlürfte meine Bücher, eins nach dem anderen, leckte an ihnen, schaukelte sie und verschlang sie. In einem anderen Traum blätterte er sie auf wie ein gelehriger Schüler, um sie dann brüllend zum Treibgut zu schleudern, aufzureißen und ihnen den Rücken zu brechen.« – Werner lachte, und Matthias schwieg. – Am Morgen jenes denkwürdigen Tages war es Born erst wie Glockenläuten im Bauch gewesen; er hatte ein Jahr zuvor einen Darmdurchbruch gehabt, und wäre er nicht schnell ins Krankenhaus gekommen, wer weiß …

Sachlich fuhr er fort: »Als ich erwacht war und der Lichtstrahl meiner Lampe zwölf Meter vor meinem Haus auf Wellen und Treibgut traf, wo sonst die Erdbeeren vom Nachbarn wuchsen, und seine Hecke verschwunden war, erschrak ich. Der Fluss sollte verdauen, was er nicht konnte. Mich fror im August.« Wieder lachte Werner. – Born sagte nur noch: »Die Zschopau: Sechs Meter über Normal! In Jahrtausenden in das enge Tal geschnitten, jetzt in Stunden vertieft! Manchmal wird einem auch anderes bewusst. Ich denke an die Bücher. Die Bibel zum Beispiel, die hat mal meinem Onkel gehört, den ich aber nie erlebt habe. Hatte ich alles vergessen. Die Bücher haben jahrzehntelang auf dem Boden gelegen, erst bei meinen Eltern, dann bei uns. Eines gehörteEugen, dem älteren Bruder meines Vaters; meine Großmutter nannte ihn immer Euschön, und ich stellte ihn mir in meinem kindlichen Gemüt als sehr schönen Menschen vor. Er ist schon mit achtzehn Jahren an

Tbc gestorben, wie zwei seiner Schwestern. Wer stirbt heute an Tbc? Meine Großmutter war trotzdem mit ihrem Leben nicht unzufrieden gewesen.« Borns Gegenüber begann nun von Krankheiten zu reden.

»Nein, ich meine es anders«, versuchte Born zu seinen Gedanken zurückzufinden. »Ich meine: Die Menschen haben damals an Gott geglaubt …«

Werners spöttischer, verächtlicher Blick ließ Born nicht weitersprechen. Auf seiner Seele lag noch ein Film, so etwas wie Kondenswasser des Schreckens. Sonnige Landschaften hatten sich wieder ausgebreitet, aber das himmlische Spiegelbild war ein anderes geworden: Kein blitzender, silberner Kamm; stattdessen überall stumpfe, erdfarbene Scherben eines riesigen Spiegels; als hätte die Erde in hektischer Eile Kosmetik betrieben und in einem Anfall von hilflosem Wahnsinn Make up verschmiert. Die Flussufer trugen ein Trauerband aus gestrandetem Treibgut, Steinen und Erden. »Teerstuhl« nannte es Born seinem Sohn gegenüber, »die Folge innerer Blutungen«. Er musste es wissen. Auch jene Bücher waren in die Flut geworfen worden. Nur der sogenannte Zeitgeist bedurfte längerer Zeit, um etwas wegzuschwemmen, als ein gewöhnlicher Fluss. Aber Zeitströme waschen auch rigoros aus. Die Zeitgenossen sollten erst des Bewunderns der alten Geschichten und des Aufenthaltes in ihnen entwöhnt werden. Aber die alten Geschichten hatten überlebt.

Borns ehemaliger Freund täuschte lächelnd Mitleid vor, und Born versuchte noch einmal, dem anderen zu erklären: »Es ist gleich, ob Bäume oder Bücher fortgerissen werden …«

»Du willst auf die Umweltsünden der Menschen hinaus?« unterbrach ihn Werner unsicher.

Born schüttelte den Kopf.

»Warum verkaufen?« fragte Kai. »Für meine Mutter – eine Mikrowelle zu Weihnachten. Vater kriegt Rente. An Gott? Nee, Torsten, mein Vater ist Atheist. »Was sagst du? Mindestens dreistellig?? Super! Obergeil! Genial!« So schwebte er zum Antiquariat.

Born dachte an eine Passage aus dem kleinen, alten Andachtsbuch, in dem er kürzlich gelesen hatte: *Gebet für seine Feinde und Verfolger. Wehe mir! Daß ich ein Fremdling bin … Es wird meiner Seelen lang / zu wohnen / bei denen, die den Frieden hassen; ich halte Friede / aber wenn ich rede / so fangen sie Krieg an …*

Werner schluckte Bier, und Matthias fragte: »Warst du auch in der Einheitspartei?«

Der Gefragte nickte nur. »Mein Vater auch, und er wusste, dass Katastrophen nie sanft sind, auch, wenn sie scheinbar an einem vorübergehen.« Werner trank irritiert, Matthias stand brüsk auf und bat: »Warte, bitte. Ich muss schnell ins Antiquariat.«

Der Leierkasten spielte jetzt »Oh, du fröhliche, oh, du selige …«

Nach der Flut hatte Matthias Born die eigenhändigen Namenszüge der ehemaligen Besitzer in den alten Gebets- und Gesangsbüchern, in Bibeln und Evangelien seiner Vorfahren und Verwandten, die in alter deutscher Schrift geschrieben waren, buchstabiert, und er fühlte sich ihnen irgendwie verpflichtet.

Im Antiquariat nahm er das Gebetsbuch dem interessierten Aufkäufer aus der Hand und sagte, halb zu ihm und halb zu seinem verblüfften Sohn gewandt: »Wir wollen das Buch nicht verkaufen. Wir wollen keinen Krieg.«

# WEIHNACHTEN DER ÜBERLEBENDEN

Es war noch nicht Weihnachten, und es sind auch nicht nur ein paar Leute gerade so mit dem Leben davongekommen, eine Ortsgruppe schon eher. Es handelt sich hier um eine solche der Volkssolidarität in Quellthal, seit langem keine Gemeinde mehr, ein Ort, der also keinen Rat, kein Amt, kein Versammlungslokal hat, aber diese Ortsgruppe. Es gibt keinen Vorsitzenden, keine Begegnungsstätte und keine reichen Sponsoren, aber die Ortsgruppe existiert. Ich bin gelegentlich bei ihren Festen zu Gast, in jenem Jahr, da die VS in den neuen Bundesländern ihr sechzigjähriges Bestehen feierte, war ich zur Weihnachtsfeier. Sie fand im Nachbardorf statt. – Wird es die letzte sein? fragte ich mich bang. Ich wohne nicht mehr dort und war zwei Jahre nicht dabei.

Bevor die Weihnachtsfeier begann, sah ich mir den Abendhimmel an: Grau wie der Novembertag lag die gefrorene Erde, geduldig gewölbt wie die Rücken einiger meiner alten Freunde vor dem Horizont unter dem diffusen spätherbstlichen Licht und kein Schnee, keine Wärme – nur diese dunklen Schichtwolken. Sie begannen aber plötzlich an den Rändern zu glimmen, wie zu vulkanischen Zeiten, in Sekunden vielleicht vorüber; ich musste es fotografieren, wählte meine Motive: Den Himmel mit den erdeingebetteten Gehöften am Horizont, mit und ohne Sozialgebäude der Agrargenossenschaft, die unser Gastgeber war, und mit Kuhstall. Ich dachte flüchtig an Bethlehem; das war auch eine Begegnungsstätte gewesen.
Als das Orakel vorbei war, ging ich in den Flachbau, wo der Sozialraum mit Nebengelassen und Küche war, die wir kostenlos nutzen durften.

Es begann wie immer mit unterschiedlichen, freudigen Äußerungen zum Wiedersehen.

Nur am Eingang krähte ein Miniweihnachtsmann etwas Unverständliches, per Bewegungsmelder ausgelöst. – Ich: Mantel aufgehängt und hinein in die Wärme, in den Geruch von Räucherkerzen und Tannengrün! Es gab Getränke, gespendet vom Gastgeber. – Ich trug damals einen Bart. Helmut fragte sofort: »Bist du der Weihnachtsmann?« Einzelne lachten, denn unsere

Bescherung zelebrierten immer Weihnachtsfrauen. Ich ging um die ganze im Karree aufgestellte Tafel herum und drückte vielleicht zwanzig oder dreißig Hände; früher wären es wohl doppelt so viele gewesen.

Dann schwirrten die Sätze durch den Raum wie im Sommer die Fliegen. Man trifft sich nur je einmal im Frühjahr und einmal im Herbst, mehr ist nicht möglich, des Aufwandes wegen.

Es sprudelte aus allen Mündern – also wie immer.

Den Raum hatte Reni bestellt, die Tochter unserer vor zehn Jahren verstorbenen Vorsitzenden; sie arbeitet dort im Kuhstall, erhielt seit zwei Monaten keinen Lohn, aber lobte ihren Arbeitgeber, zweifellos auch ein »Heinzelmännchen« unserer Ortsgruppe. Die hatten alles weihnachtlich geschmückt. Jeden blickte ein bunt verpackter Schokoladenweihnachtsmann an, es gab Äpfel, Nüsse und Lebkuchen, und die Kerzen brannten; Kaffeeduft und Stollensüße mischten sich im Raum. Eifrige Frauen teilten die Köstlichkeiten aus. Elli rechnete genau, aber immer mit Ausfällen und auch mit unverhofften Gästen. Und das gefiel allen. Es war wirklich wie immer, und dennoch schwelte etwas zwischen uns.

Gottlieb, der behinderte »große Junge« von 48 Jahren, schmatzte beim Essen und war auch zuerst fertig. Lottchen rief nach einem Weinbrand. Hubert, der in jungen Jahren erkrankte »Student a. D.«, packte die ersten Proviantpäckchen für sich; seine Mutter war vor ein paar Jahren gestorben. Rudolf verlangte energisch die Weinkarte, die es natürlich nicht gab, weil Elli nur die Sorte Rotwein einkaufte, die ihm schmeckte.

Ich hatte das plötzliche Feuer am Himmel im Sinn. So etwas kann sich in einem zum Schwelbrand entwickeln. Aber außerhalb?

Rosi, unsere Patenfrau, die immer vom Kreisverband da war und die kurzen ermunternden Reden hielt, zelebrierte die Bescherung. Um die Feierlichkeit zu erhöhen, schaltete sie die helle Deckenbeleuchtung aus. Wir saßen wie an Lagerfeuern, jede Kerze eine Feuerstelle.

In der Küche wirtschafteten Elli, Uschi und Kathi. Die erstgenannte, eine stattliche Achtzigerin, leicht gebeugt von den Prüfungen des Lebens, verteilte und prüfte auch dort die Geschenke, unterschiedlich nur je für Männer oder Frauen; sie ist unsere Hauptkassiererin.

Die kräftige Uschi – erst seit kurzem Rentnerin – eiferte ihrer Mutter nach. Dazwischen Kathi, die kleine, quirlige Frau, fast blind, sah dennoch, was zu tun war. Rosi verlangte ein Lied oder ein Gebet von denen, die sie beschenkte. Ein Glas Bockwurst, Honig, ein Plastikeimer, Kerzen, Lebkuchen und ähnliches sollte es denen schon wert sein. Manche gähnten, andere strahlten dankbar, ihre Vorräte damit auffüllen zu können. – Meist wurde gebetet: »Lieber guter Weihnachtsmann ...«; nur Hans sang lautstark: »Oh, Tannenbaum ... Was drunter liegt, das siehste kaum. Der Göring muss Granaten dreh'n, und seine Frau muss Hamstern geh'n!« – Erst an dieser Stelle fragten wir uns: Wo gibt's die Weihnachtsmusik? – Sie war vergessen worden. Etwas beschämt blickten wir nach unten oder an Decke und Wand, wo sich die Schattengebirge unserer Körper bewegten wie beim Erdbeben. Die Jüngeren begriffen nicht gleich den von Hans vorgetragenen volkstümlichen Spotttext aus dem Jahre 1944. Natürlich hatten nicht alle zugehört. Ich fragte: »Gibt es noch jemanden hier, der zur Gründung der Ortsgruppe dabei war?«

Die Frage heizte den Raum, das Schwatzen erstarb, und es betete und sang fast keiner mehr. Offensichtlich bedurften aber die Ältesten nicht des Nachrechnens; ihre Seelen hatten sich in einem Maße erwärmt nach frostigen Zeiten der verschiedensten Art, dass die Zungen ihre Gedanken ungebremst freigeben wollten – eine Art Gletscherschmelze.

Da rief eine Frau aus der Tiefe ihrer Gedanken: »Konrad, wie war das?« Niemand antwortete. »Wer ist Konrad?«, fragte ich mich. Niemand reagierte. Alle suchten ihre eigenen Antworten. Auch ich musste nachsinnen.

War Konrad nicht ab 1945 unser erster Bürgermeister gewesen? Es wurde bestätigt. Er ist schon lange gestorben.

Plötzlich war Helfriede mühsam aufgestanden, auf ihre Krücken gestützt und sagte: »Er wollte Marianne, aber ich habe ihn geliebt.« Gespenstig groß ihr Schatten. Entschieden, aber sehr langsam unterstrich es ihr von einem Schlaganfall gelähmter Arm: »Ich habe ihm Marianne ausgeredet. Mit einem Umsturz verändert sich nicht die eigene Frau, Leute.« Güte in ihrer Stimme. »Er wollte alles neu machen,« setzte sie hinzu, »und ich hatte es Marianne schon vor Jahren gesagt ...« Sie schwieg lange, und man hörte die Kerzen flackern.

Marianne war Helfriedes bereits verstorbene Schwester. Helfriede setzte sich, ihr Schatten versank und ein höheres Schattenmassiv wuchs an der Wand, das von Rudolf, dem ehemaligen Maschinisten. Als habe er schon ewig auf diese Gelegenheit gewartet, hob er drohend seinen Arm und rief zornig: »Aber du hast unseren Gasthof verhökert!« Sein Arm schwebte sekundenlang über uns und drohte auf Helfriede zu fallen. Niemand regte sich. Jetzt hörte man die Kerzen knistern und zischen. Gletscherschmelze.

Erinnerungen spülte es hervor.

Helfriede gelang das nochmalige Aufstehen nicht. Beruhigend hörte man eine Frauenstimme: »Bleib sitzen, Helfriede.«

Die Sechsundachtzigjährige meinte: »Mir blieb damals keine andere Wahl, ich hatte einen ...« Sie stockte. »... diesen Auftrag.« Und etwas leiser: »Du weißt es, Lottchen.«

Es ruckten die Köpfe in eine Richtung.

Lottchen, die ehemalige ehrenamtliche Parteisekretärin über dreißig Jahre in Quellthal, ist allen bekannt. Ihrer jüngsten Herzoperation zum Trotz, saß die kleine Person sehr gerade, und antwortete ungerührt und als zöge sie noch immer eine Schweißnaht wie in jungen Jahren: »Du warst einverstanden.«

»Mein Betrieb hatte mich vorher nie enttäuscht.« Helfriede bemühte sich um Sachlichkeit.

Rudolf grollte, und wie eine Ascheregenwolke flog es über die Wand, als er gesternreich hervorstieß: »Aber geblieben ist uns nur eine Grube, die wir noch zuschütten mussten!«

Die ruhige Stimme: » S' is gut, die Sache ist begraben.«

»Nein, die Sache nicht, nur unser Gasthof!« widersprach Rudolf, und es schwang schon wieder Ironie in seiner Stimme. Bedächtige Schattenwellen täuschten einen stillen Weiher vor. Ich dachte schon ans Ende der Eruptionen. Helfriede stellte die vor ihr brennende Kerze zur Seite, als wollte sie wieder aus dem Licht.

»Ein Ferienheim mit Räumen für uns wäre gut gewesen.« meinte Elli trocken, nüchtern und versöhnend.

Es blieb aber eine Art Wetterleuchten im Raum. Die Gegenwart war gerissen – mit wenig Getöse, schmerzarm – ein seltsam beherrschter Vorgang.


»Wenn Siegfried nicht die Schule an Privat verkauft hätte, könnten wir dort noch sein!« sinnierte eine Frau laut. Man übersprang Jahrzehnte. Einige folgten problemlos.

»Die Wende war trotzdem gut.«

»Zu plötzlich der späte Generationswechsel, Leute!«

»Generationswechsel nennst du das? Das war Ausverkauf und Nötigung ...!«

Gereizte Stimmen, heiß vom Erinnern. Die Schatten zuckten als wollten neue Feuer ausbrechen. Ein unfassbarer Hauch Angst schwang in den Gesprächen, vielleicht aus Zeiten von Fliegeralarm und Stromsperren. Auch noch ein Rest gehässiger, ideeller Rechthaberei spielte mit.

Hubert faltete die Hände, ich glaube, er betete stumm; zu Lebzeiten seiner Mutter war er manchmal mit ihr in die Kirche gegangen.

Die Bescherung ging zu Ende. Rosi übergab das letzte Geschenk und mahnte besorgt: »Also, Leute, so lange wir Obdachlosen uns irgendwo noch treffen können ...!« Sie unterbrach sich selbst. Das Murmeln war ein Nachbeben.

Wir blickten alle in die Vergangenheit, die ganz Alten vermutlich aus den Fenstern des Gasthofes in den Konzertgarten mit den alten Linden, der heilig gesprochenen Quelle, umgeben von bewaldeten Bergen — unser schönstes Nest. Dann war die Ortsgruppe in der Schule, die manche als Schüler kannten und alle als Gemeindeamt, kleine Gehöfte gegenüber und Felder, statt Eigenheimen jetzt, in Verlängerung der Kirchweg, später umgeackert. Zuletzt trafen wir uns im Sozialraum des Sägewerkes, erste Etage, 2005 abgerissen; man sah auf den sattgrün dahinströmenden Fluss, von Mischwäldern flankiert.

In dieses nostalgische Sinnen hinein gab ich mir einen Ruck, ging forsch auf Hilde zu, weil ich gehört hatte, dass sie mit ihrem Mann Diamantene Hochzeit gehabt hatte. Ich wollte jene Schwelbrand-Stimmung auslöschen. Ich sagte mir: »Hilde und Cornelius haben alles und viele überlebt — und wie!« Ich redete überschwänglich auf Hilde ein: »Jetzt gratuliere ich erst mal nachträglich ganz, ganz herzlich zur Diamantenen Hochzeit! ...« (Das stimmte: Neun Kinder und achtzehn Enkel sollen mitgefeiert haben.) Aber während ich redete, bemerkte ich erst, dass Cornelius nicht da war. Ich sah hilfesuchend Rudolf an. — Diese Rumpfgespräche, dieses ferne Vergrollen war nicht jedem verständlich gewesen, und auch ich fühlte mich so weit von der Ortsgruppe entfernt wie unser Sachsenland von vulkanischen Eruptionen in unserer Gegend. Jetzt hatte ich unbeabsichtigt alle in die Gegenwart zurückgerufen. Irritiert sah ich Rudolf an. Der protestierte belustigt: »Nee, ich bin nicht Cornelius; wer erfolgreich fünf schwere Operationen hinter sich gebracht hat, will noch bisschen leben, Weihnachtsmann!«

Hilde sah mich ungewöhnlich ernst, aber freundlich an: »Das war so, mei Kindl: Cornelius hat gesacht: Ich bin müde. Hat sich hingeleecht und is ganz ruhich eingeschlafen. — Vor vier Wochen war das, mei Kindl.«

Ich wühlte verlegen in meinem Bart, murmelte Entschuldigungen und Beileid — alles hintereinander. Die Schattenberge bewegten sich nun nur noch wie Baumkronen im Wind. Leicht verwirrt suchte ich meinen Platz auf.

Wir sahen wieder mehr als auf dem Tisch lag, und jemand schaltete das Deckenlicht erneut ein. Die Schatten versanken, und wir erzählten uns von

unseren Kindern, Enkeln und von unseren Alltagen. Ich las eine Weihnachts-
geschichte vor.

Wir blieben noch ziemlich lange zusammen – aus Gewohnheit vielleicht, der
Eine oder Andere möglicherweise aus Trotz. Auch Dankbarkeit hilft leben.

Ein knappes halbes Jahr später fuhr im unteren Quellthal die Kleinbahn über
die ehemalige Strecke der Werkbahn erstmalig Probe; zunächst mit Platten-
wagen ohne Dach und Fenster und ohne Haltegriffe. Dann sah ich eines
Tages eine bunte, freudig lärmende Gruppe auf ihnen sitzen; die ausgelasse-
nen Fahrgäste ließen die Beine baumeln und fuhren also am Fluss entlang.
Ein milder Wind, Nebelschwaden, verschleierte Sonne und Zweige mit fri-
schem Grün und unzähligen Knospen über Teppichen von Buschwindröschen
begleiteten sie mit dem ewig gleichen Geruch lebendigen Wassers nach Fisch
und verrotteten Pflanzen. Erst spät erkannte ich sie, meine Wandertruppe
der Volkssolidarität, auf der rollenden Begegnungsstätte.

Um Weihnachten übt sie Andacht, um Ostern ihre Auferstehung auf ihre
Weise – und so Jahr um Jahr.

# MEINE BEGEGNUNGEN MIT KLEIST

Heinrich von Kleist kreuzte mehrmals meinen Weg, das erste Mal, als er aus dem Haus der Löwenapotheke in Dresden geeilt kam. Ich habe ihn gleich erkannt am mädchenhaften Gesicht, das einen gequälten, männlichen Zug trug. Er blickte unruhig kürz über den Altmarkt vor uns und dann zur Tür der Apotheke. Obwohl er durch mich hindurch zu sehen schien, fragte ich ihn, ob ich ihm helfen könnte, denn das sind so unsere modernen Fragefloskeln. Er sagte nicht »gerne« und ich sagte nicht, dass ich ihm nicht helfen könnte. Wer gibt es heutzutage schon zu? Jetzt nahm er mich wahr, aber eher als irgendeinen Jemand von der Straße, dem man etwas verraten könnte, weil er es sowieso nicht verstehen würde. »Sie können an meinen *Kohlhaas* weiterschreiben.« entgegnete er. Ach, ja, Gerechtigkeit gibt's immer noch nicht. In seinen Augen glaubte ich einen winzigen Spottfunken bemerkt zu haben. Aber zum Lachen war ihm wohl nicht und wir sprachen nicht miteinander. In der Apotheke verlangte er ein Pulver gegen Kopfschmerzen, und weg war er. Unsere erste Begegnung minimierte die Unterschiede und überspielte Zeiten; ich wünschte mir schon immer, Zeiten überfliegen zu können.
Am Anfang meines Lebens wusste ich nichts von Heinrich von Kleist, ja ich hätte ihn hassen können. Er war von Adel, und so einer ist am frühen Tod meines Großvaters Schuld gewesen. Ich kenne meinen Großvater nicht, er verstarb, nachdem er auf einem Rittergut, wo er arbeitete, im Winter in eine marode abgedeckte Jauchengrube gefallen war. Er sollte danach draußen weiterarbeiten, und man erzählte, der Herr Baron sei vorbeigeritten, als man meinem Großvater wenigstens einen Sack überziehen wollte. Der Vorarbeiter wurde wütend vom Herrn angeherrscht. Der Herr Baron gab seinem Pferd rasch die Sporen, um von dem stinkenden Mann fort zu kommen. Nach dem Vorgang soll er nicht gefragt haben. Mein Vater, zwei Jahre damals, kannte es nicht anders als so, wie es seine Mutter erzählt hatte. Er selbst musste später einsitzen, weil er die Tochter eines kleinen Gutsherrn verschmäht hatte, und kam zu seinem achtzehnten Geburtstag in Haft als angeblicher Mitwisser am Brand des Gutshofes; nach einem Täter war nie gesucht worden. Seitdem ist mein Vater auf derartig Berittene nicht gut zu sprechen gewesen, und ich bin argwöhnisch geworden. Stoff für einen Roman? Mein Vater hätte ihn

sich gewünscht, Kleist meine Absicht vielleicht brüskiert ausgeschlossen. Ab seinem zehnten Lebensjahr erhielt Kleist, ein Mensch aus uraltem preußischen Adel, Privat- und wohl auch Reitunterricht. Sicher wandelte er dabei schon durch die griechische Antike, für mich ein fernes, fremdes Land. Ich saß in einer Dorfschulbank und träumte davon, einmal schreiben zu können wie ein Schriftsteller. Zum Grundschullesestoff gehörte »Der zerbrochene Krug«. Mir gefiel das Stück, und ich verstand es auch recht gut, denn es spielte in einem Dorf, wo mir die Leute bekannt waren. Unser Krug, in dem ich im Gasthof die Milch holen musste, war emailliert und ohne Bemalung, nicht wie der von Frau Marthe, und er hielt über vierzig Jahre. Es hätte die Szenerie eines deutschen Nachkriegslandes darauf Platz gehabt. Ich trug ihn gerne und stolz mit; ein neues Leben nach dem verfluchten zweiten Weltkrieg, Gesundheit und Hoffnungen versprach er auch mir, einem Arbeiterkind.

Meine nächste Begegnung mit Kleist zog sich über Jahrzehnte hin. Ich scheute selbst dann noch vor ihm, als ich schon meinen Umweg zum Schriftsteller gewählt hatte und Bibliothekar geworden war, entgegen dem Wunsch meines Bürgermeisters, der mich gerne als seinen Nachfolger gehabt hätte. Ein Schnaps für den »Friedenssoldaten«, der in Uniform zum Dorfabend gekommen war, konnte mich nicht umstimmen. Inzwischen hatte ich ein Handwerk zu lernen. Kleist wurde mit 15 Jahren Kadett. Er ritt auch standesgemäß. Ich musste Handwagen ziehen mit Werkzeug und auch Mist für den Garten der Großmutter meines Meisters. Auf Posten im sogenannten Ehrendienst las ich verschiedene Reclamhefte, ebenfalls einige Werke Kleists; ein Wachvergehen zum Wachbleiben. An der Bibliothekarschule interessierte mich dieser für meine Begriffe etwas wirre Kopf schon, aber es gab massenhafte Ablenkungen. Später zeigten Bibliothekarkollegen in Frankfurt an der Oder mir stolz **ihr** Kleist-Museum. Ich hatte sowieso unter den großen Humanisten der Vergangenheit immer mehr Adlige entdeckt, mich gewundert und mich ihnen genähert. Ich kaufte mir »Antike in Stichworten« aus dem Verlag Koehler & Amelang, Leipzig, und diverse Literaturgeschichten. In dem Alter, als Heinrich von Kleist sein Leben beendete, begann mein Leben als Literat. Aber ich verstand so manches nicht und hatte zunehmend Selbstzweifel und keinen, der sie mir nehmen konnte. Ich sollte mich als »Sieger der Geschichte« fühlen und fühlte mich als Verlierer. Meine literarischen Arbeiten wurden zum Teil anerkannt, aber skeptisch beurteilt – von Literaten ebenso wie von Politikern. Fragen auf hohem Ross rissen mir die Zügel aus der Hand: Warum häufen sich meine Misserfolge? Wieso geht meine Ehefrau, so schien es mir, lieber mit der Partei ins Bett? Weshalb werden meine Texte eher belächelt als gedruckt? Zweifel trabten unablässig mit. Verzweifelungen trieben mich dem Heinrich von Kleist zu, ohne dass ich es bemerkte; mich aber warfen sie nicht ab, und ich erschoss mich nicht. Ich änderte mein Leben, wechselte Ort und Arbeitsplatz, was Kleist oft tat, und schloss mich einer neuen Familie an, was Kleist sein Leben lang vermisste. Meine journalistischen Texte wurden besser. Sozialistische Heldenporträts vermied ich nun. Und endlich fand eine erste Story in den *Dresdner Heften* Lob und Leser. Titel: »Die Katze«. Thema: Geteilte deutsche Familie. Begann sich damit meine dritte Begegnung mit Kleist zu vollenden?

Die Wende und Kleist beschleunigten meine Ich-Erkundung. »Halt, wer da?« hatte ein Sosias dem anderen zugerufen in Kleists »Amphytrion« und stand sich selbst plötzlich gegenüber. »Was für ein Ich?« lässt er ihn fragen. Aber bei ihm sind noch die Götter im Spiel, bei uns war das Wir das Göttliche. Kleist wollte kein Buch schreiben, er wollte selbst auf die Bühne des Lebens. Wer will das nicht? »Junge, trau dir das nicht zu! Sei vorsichtig!« pflegte meine Mutter zu warnen. Mein Vater: »Das musst du selber wissen!« Und die Partei hatte immer recht, denn sie verstand sich im Kollektiv weise.

Nein, ich habe diesen Staat nicht verteidigt, denn der Krug hatte schon vorher Risse. Doch er enthielt auch meine persönlichen Hoffnungen, vielleicht nur als Bodensatz, der die Risse verspachtelte. Im Träumen ist Heinrich von Kleist vermutlich mehr Realist gewesen als ich, aber er konnte seinen Reitstil nicht ändern, und auch die bessere Bildung half ihm damals nicht, für uns zu einem ganz großen, modernen Dichter zu werden; er hat das Zeug dazu gehabt, heißt es. Nicht einmal ein Goethe verstand ihn.

Das Schicksal trieb Kleist von Dresden fort. Er war nicht von Dauer aufregend für alle Dresdner, der »sperrige« Dichter; nachzulesen im Buch von Weiß / Wonneberger: »Dichter Denker Literaten … in Dresden«. Sein Pferd passte nicht ins Dachgeschoss in der Wilsdruffer Straße 1 und hinter Mansardenfenster im Dresdner Barock. Schön, aber untauglich für ihn. Ein paar Jahrzehnte nach Kleists Aufenthalt dort wurde das Haus abgerissen, der Neubau überstand den 13. Februar 1945 nicht, und dennoch blicke ich zu ihm auf, wenn ich dort ungebeugt vorübergehe.

Heinrich von Kleist spricht mit mir mit seinem Werk.

# DER RHEIN-FALL
*Eine Parodie für Hans Dietrich Lindstedt[†]*

Es ist nicht der Rheinfall bei Schaffhausen gemeint; wir müssen zum Mittel-Rhein, um der Sache auf die Spur zu kommen.

Kommissar Kleim war nicht erfreut, als er beauftragt wurde, den Fall zu untersuchen, er konnte durchaus einen politischen Hintergrund haben am »Tag der deutschen Einheit«. Dass er dabei seinen alten Freund Heinz Dieter Forster traf, vereinfachte die Untersuchung nicht. Aber er besaß immer noch genügend Ehrgeiz, es mit einem jungen Kriminalisten aufnehmen zu können.

Forster war mit seinen neuen Vereinsmitgliedern aus dem Osten gekommen, um mit seinen alten Vereinsmitgliedern die deutsche Einheit in Gloria zu begehen. Der alte Vater Rhein benahm sich zwar noch nicht herbstlich mürrisch, aber er knauserte auch mit seiner sonst gewohnten Weib- und Weinseligkeit, die sich in jener Jahreszeit einstellt. Lediglich die Jugenderinnerungen Forsters verklärten das Ganze sowie die Erstmaligkeit des Rhein-Erlebnisses bei Kurt Rudolf Munkelt und dessen Frau. Dabei war Munkelt noch nicht einmal Mitglied des Vereins. Forster hoffte aber, in Munkelt bald einen neuen Vorsitzenden in seinem neuen Landesverband zu haben.

Das Schiff hatte noch nicht einmal abgelegt, da war dieser Fall schon passiert. Unfall oder kriminelle Straftat? Die Frage für den Kommissar.

Kleim begab sich unverzüglich an Bord und tappte im Dunkeln, obwohl am Nachmittag des Feiertages die Sonne manchmal die schon nackten Rhein-Hänge belächelte.

Die Person, die den Fall angezeigt hatte, wäre nicht mehr an Bord und ihr Aufenthalt unbekannt, wurde Kleim gesagt. Es war ihm ohnehin schwer, dieser sehr gemischten Gesellschaft offene und unverstellte Aussagen abzugewinnen. Er erlebte selbst ein ständiges Kommen und Gehen an und von Bord des alten Kahnes, den sich der Bundesvorstand gemietet hatte. Ein Gast war aus Zeitgründen nur zur Begrüßung erschienen, ein anderer konnte sich nur für das festliche Mittagessen in Oberwesel freimachen, einige Damen hatten in Mainz mit ihren Liebhabern zu tun und gingen dort am Abend viel zu schnell von Bord. Undsoweiterundsofort.

Kommissar Kleim nahm sich zuerst den Kapitän vor; Clemens, so wurde er von allen nur genannt, war doch zuerst berichtet worden, was sich wo und wie zugetragen hatte. Er meinte aber nur, dass sich niemand so genau auf den Tathergang hätte besinnen können.

Seine Frau sei dann voll damit beschäftigt gewesen, den Geschädigten gewissermaßen »trocken zu legen«, wie Frau Sophie mit einem sehr charmanten Lächeln selbst formulierte. Außerdem, so versicherte Clemens Herrn Kleim, hätten einige Fahrgäste in ihrer Aufregung Heck und Bug verwechselt und mehr ihr Bedauern und Mitgefühl mit herzlichen Beileidsworten ausgedrückt, statt sachkundig Auskunft zu geben.

Kommissar Kleim ließ nicht locker; irgendetwas **musste** an dem Fall kriminell sein.

Zunächst stand nur fest, dass der Fahrgast Munkelt kurz nach seiner Ankunft in Mainz in den Rhein gefallen war. Zeugen gab es ausreichend. Aber was für welche!

Sie hatten den Mann alle nass gesehen, und die Frau Kapitän, also Frau Sophie, hatte ihm geholfen, trockene Sachen anzuziehen, worüber einige zu Obszönitäten neigende ältere Herren ihre Witzchen zu machen pflegten. Kleim fragte sich auch, ob nicht vielleicht eine ganz kleine, unscheinbare Form der Vereinigungskriminalität dahinter stecken könnte. Doch er kam zu dem Schluss, dass Tausende Motive eine Rolle spielen könnten.

Kleim recherchierte nicht ohne Fleiß.

Selbst das Opfer machte wenig brauchbare Aussagen.

Dass da einige um ihn herumgestanden hätten, dass sie aber alle woanders hingesehen hätten erklärte Munkelt: auf die vorüberziehenden Schiffe, auf das gegenüberliegende Wiesbaden, auf die lustig flatternde bundesdeutsche Flagge an ihrem alten, deutschen Schiff, der »Adventura«; ja selbst zu einem Treibgut hätte man intensiver geschaut, als zu ihm.

Ein Tatmotiv hätten viele haben können, dachte Kleim. Auch das glücklicherweise überlebt habende Opfer, Kurt Rudolf Munkelt, überwachte er. Wie verhielt der sich an Bord? Ließ er gegen irgendjemand eine Abneigung erkennen? Oder zeigte jemand gegen ihn Abneigung? Was trieb Munkelt an Bord? Mit wem pflegte er Kontakte?

Kleim stellte fest, dass er sich ebenso reichlich am Bordbuffett bediente wie die anderen, dass er trank wie alle, dass er den Rhein »meine große Elbe«

nannte und von dem älteren Forster reichlich belobhudelt wurde, obwohl sich die beiden, wie Kleim beiläufig erfahren hatte, erst wenige Wochen kannten. Natürlich konterte Forster jedes Mal: »Was heißt hier Elbe, Elbe, das klingt wie Ebbe, Mensch. Es ist Undine, die uns stromab steuert und der Vater Rhein trägt uns!« Forster schrie auch manchmal, wenn er am Ufer irgendetwas Bemerkenswertes gesichtet hatte, so dass der Kommissar anfangs sofort zu ihm eilte, aber es war stets nichts weiter als Freudengeheul und eine Aufforderung an Munkelt und eventuell Herumstehende, die Wiedersehensfreude mit Forster zu teilen.

Ansonsten fiel Munkelt, nachdem er wieder trocken wurde, und der Schreck aus seinen Gliedern gewichen war, zurück in die Rolle eines sehr bescheidenen Fahrgastes, der sich das Vorkommnis nicht anmerken ließ, obwohl es ihm außerordentlich peinlich war.

Kommissar Kleim erwog auch sicherheitspolitische Aspekte. Im übrigen blieb ihm dieser ganze touristische Vereins-Schnickschnack gleichgültig.

Er hatte die Passagierliste durchgesehen, mutmaßte dieses und jenes und stellte scheinbar wahllos und zufällig seine Fragen an die Leute. Den ganzen, langen Rest des Staatsfeiertages beobachtete er möglichst unauffällig die eigenwillige Gesellschaft. Dieses Adjektiv fügte er ihr erst gegen Abend bei. Nur Clemens und Sophie wussten von seiner wahren Berufung. Für alle anderen sei er ein Beauftragter für Tourismusfragen des Landes Rheinland-Pfalz, schärfte er ihnen ein.

Für Kleims wirklich professionelles Auftreten sei folgendes Beispiel genannt: Er hatte in der Passagierliste den Namen Carl Zuckmayer ausgemacht, der ihm sehr suspekt erschien, weil ein Mann gleichen Namens im Lande schon früher gewirkt hatte und, wie Kleim wusste, mit dem Schinderhannes, einem Terroristen übelster Sorte im Hunsrück, gemeinsame Sache gemacht hatte. Leider war gerade dieser Verdächtige schon in Oberwesel nicht mehr an Bord gekommen.

Einen Herrn Hoffmann hatte Kleim beizeiten ausgeklammert, obwohl auch vor dessen Namen in der Liste jenes geheimnisvolle Kreuz stand, das auch Frau Sophie nicht zu erklären vermochte. Sie meinte, es müsste mit organisatorischen Fragen des Veranstalters der Fahrt zu tun haben. Direkt zu fragen, verbot sich Kleim selbstverständlich. Zurück zu Hoffmann: Der Mann benahm sich regelrecht kindisch, er stimmte zuweilen Lieder an, die gar nicht in die Jahreszeit passten wie »Alle Vögel sind schon da!« Die waren kürzlich erst weggeflogen. Oder: »Kuckuck, Kuckuck rufts aus dem Wald ...« In unmittelbarer Nähe des Rheins gab es keinen Wald. Natürlich dachte Kleim an chiffrierte Botschaften, aber ernsthaft glaubte er nicht daran. Selbst in Oberwesel, im Gasthaus »Zum Goldenen Pfropfenzieher«, soll Hoffmann gesungen haben, aber dahin war Kleim der Gesellschaft nicht gefolgt; er gab andere verwaltungstouristische Verpflichtungen vor und erholte sich in einer anderen Gaststätte von dieser ihm allmählich unheimlich werdenden Gesellschaft. Nur ab und zu schüttelte er dort gedankenverloren den Kopf über so viel geistige Verwirrung, die er meinte bei dem Verein angetroffen zu haben.

Zugegeben: Dieses Schiff war keine ARGO und kein Narrenschiff, und auch als eine »Sängerfahrt auf dem Rhein« konnte man es nicht bezeichnen, aber es hatte wohl von allen etwas.

Als man auf der Rückfahrt das idyllisch gelegene Bacharach passierte, geriet ein Herr Namens Heine außer sich und forderte, man solle dort anlegen, damit er seinen »Rabbi …« zu Ende schreiben könne. »Ja, dort und nur dort!« forderte er lautstark, sonst werde er die Veranstalter der Fahrt der Reihe nach in den Rhein werfen, drohte er. Kommissar Kleim, dem auch dieser Ausbruch reichlich blasiert und dazu kindisch vorkam, versuchte den Herrn auch auf kindliche Weise zu beruhigen, indem er auf ihn einredete, etwa so: »Wir möchten alle irgendetwas zu Ende bringen, aber die Welt hält uns davon ab.« Doch erst, als Kleim das Lied von der Loreley summte, sah ihn der Mann scheinbar beruhigt, wenn auch etwas verwirrt und lange an und verstummte Kleim gegenüber bis zum Ende der Reise.
Es gab auch keinerlei Ansatzpunkte zu einem Verdacht. Munkelt und Heine hatten sich, das hatte Kleim geprüft, nie in ihrem Leben vorher gesehen und Heine war auch erst in Oberwesel auf das Schiff gekommen. Jedoch flirtete er später mit einigen Damen, was den Kommissar auf neue Gedanken brachte.

Die Damen hatte Kleim aus Anstandsgründen zunächst noch ausgeklammert, aber einige gaben doch Anlass zu Verdächtigungen, vor allem jene, die in unmittelbarer Nähe des Unglücks gewesen waren. Eine gewisse Langgässer, eine B. von Arnim, selbstverständlich Munkelts Frau und eine Anna S.

Ein Gespräch zwischen der Langgässer und Munkelt verlief von Seiten der Frau sehr eigenartig. Sie fragte ihn, wie ihm die Taufe im Vater Rhein bekommen wäre, einer wie er, aus dem Osten, wäre doch sicher evangelisch oder gar ungläubig, der Rhein aber sei katholisch. Munkelt antwortete nicht direkt, sagte nur, dass ihm das Wasser nicht so kalt vorgekommen sei, wie er erst befürchtet habe. Darauf hatte sie sehr überlegen und spitz, aber vornehm leise erwidert: »Sie waren wohl noch nicht reif für den Satan«, was aber Munkelt nur belächelt hat, während Kleim diese Aussage zu schaffen machte.

Und auch eine gewisse B. von Arnim beschäftigte seinen Spürsinn. Er kannte die Namen nur so, wie sie in der Passagierliste zu lesen waren. Er war durch das Schiff geschlendert und hatte gerade noch gesehen, aber nichts verstanden von einem ruhig geführten Wortwechsel zwischen ihr und Munkelt. Doch als er hinter der feinsinnig sich gebenden, blonden Dame vorüberging, die am Fenster stand und versonnen hinausblickte auf den Fluss, da hörte er sie ganz deutlich mehrmals murmeln: »Sie wahnsinnige Blutwurst!«, und Kleim glaubte, einen drohenden Unterton gehört zu haben. Er kombinierte blitzschnell: Wahnsinnig sind die Revoluzzer immer und rot, und eine adlige Dame darf schon mal »Würstchen« sagen zu so einem unbedeutenden Kerl wie Munkelt. Ja, und da war ja noch Munkelts Frau. Nicht, dass Kleim einen dringenden Verdacht gegen sie hegte, nein, aber wie oft ist es in der Geschichte schon vorgekommen, dass eine enttäuschte Ehefrau sich bei Gelegenheit ihres Mannes entledigte? Doch Kleim hatte gesehen, wie sich das Paar zärtlich aneinander schmiegte, wenn es sich unbeobachtet fühlte. Damit schied für den Kommissar diese Frau aus dem Kreis der Verdächtigen aus. Und übrigens hatte er auch eine Suizidvariante ausgeschlossen, als er vom Wunsch Forsters hörte, seinen Freund zum Nachfolger zu machen. Wer vergibt schon leichtsinnig eine solche Karriere?

Am dichtesten auf der Spur glaubte sich Kleim dann bei dieser Anna S. Er hatte herausgefunden, dass gerade sie ganz in Munkelts Nähe gewesen war, als es passierte.

Es war denkbar, dass sie ihn hinabgestoßen hatte.

Dem Kommissar war ein Dialog zwischen Munkelt und Forster entgangen. Das Gespeäch trug nicht unmittelbar zur Aufklärung des Falls bei, charakterisierte aber das Verhältnis der beiden zueinander. Nachdem Munkelt wieder trocken geworden und der Schreck aus seinen Gliedern gewichen war, sagte er: »Ja, Heinz Dieter, da habe ich deinen Rhein hautnah zu spüren bekommen, und dabei wollte ich nur die Wasserweiche oder -härte und die Temperatur zwischen Elbe und Rhein vergleichen.«

»Du hattest fast nur Tuchfühlung genommen, mein Lieber«, spottete sein Freund, und schien nur darauf gewartet zu haben, seine Jugenderinnerung loszuwerden: »Als ich im Rhein schwimmen gelernt habe, packte mich der

Strom auf ganz andere Art; es gehörte Mut dazu, sich packen zu lassen. Ich ließ mich hinter die Buhnen hinaustragen in die Strömung, aber die Rückkehr musste erkämpft werden, mein Lieber!« Er schnäuzte sich laut, vielleicht auch, um die innere Bewegung bei den Gedanken an seine Zeit als damals Fünfzehnjähriger zu überspielen. – »Das war bei Oberwesel, dort ist die Strömung noch stärker und gefährlicher, als hier.«

Auch Kurt Rudolf war ein wenig in Gedanken versunken. Sein euphorischdeutsches Einheitsgefühl, wurde durch das jahrzehntelang genährte Wunschdenken des Benachteiligtseins ergänzt von seinem geradezu unbändigen, stillen Willen, alles zu begreifen, was außer seinem Lebensumfeld sich auch DEUTSCH nannte. Immerzu verglich er und eben auch an jenem Ufer, das so unendlich weit vom gegenüberliegenden entfernt schien, viel weiter, als die Elbufer voneinander in Dresden. Und als er gerade das Wasser mit dem seines Elbstromes vergleichen wollte, auf einer der Kaitreppen stehend, spürte er das langsame Abgleiten seines rechten Fußes. Unwillkürlich griff er in die Luft nach der Hand einer in der Nähe stehenden Dame, die er sogar »Anna!« rief, so leise aber, eher wie man jemanden um geistigen Beistand bittet. Sie hatte jedoch seine balancebedürftige Geste als Blickweiser auf den Fluss gedeutet, sich danach hingehockt, um einen Vorgang weit draußen auf den Wellen besser sehen zu können, und dabei seinen Arm gestreift, was möglicherweise als Hinabstoßen gewertet werden konnte. Tatsächlich aber fuhr Munkelts Arm nun nach links, weil sein linker Fuß auf der glitschigen Stufe nun auch abrutschte. Das Eintauchen des ganzen Körpers bis zur Brust war dann nur eine Sekundensache. In einer Art Veitstanz drückte er sich dann wieder herauf aus der dort mäßigen Strömung und blickte in mehr erschrockene, denn besorgte Gesichter, und erst einige Minuten später erinnerten sich die Umstehenden Max Schauzers köstlicher Filmmischung und bedauerten, keine Videokamera mitgehabt zu haben.

Kurt Rudolf Munkelt hatte seine Kamera mitgehabt, einen einfachen Fotoapparat freilich, aber Kommissar Kleim hatte den Film sofort beschlagnahmt in der Hoffnung, dass er Motiven der Tat besser auf die Spur kommen würde, aber alle Bilder waren leider verdorben, denn sein Besitzer hatte den Apparat beim Abtauchen auf der Brust hängen gehabt. Wie den Verführten der Loreley, so nahm auch ihm der Rhein etwas – die schönen Bilder seiner Erinnerungen. Sie waren nun alle dahin, meinte der Unglücksrabe. Aber er ahnte wahrscheinlich nicht, dass die »Germania«, das deutsche Denkmal am Rhein, das der Dresdner Bildhauer Schilling geschaffen hatte, auf seiner Kleinbildaufnahme nur wie ein schmutziger Fleck an der geschwellten Brust des Rheinufers aussah, dass der berühmte Mäuseturm bei Bingen eher einem Mäusezahn am majestätischem Weinberg glich, und dass auf der mächtigen Stadtmauer von Oberwesel zum Zeitpunkt seiner Aufnahme ein Wolkenschatten lag, der sie ihm fast in Schwarzweiß bescherte.

»Da verstummst du in Ehrfurcht, nicht wahr, Kurt Rudolf?« ließ sich Heinz Dieter wieder und leicht provokant vernehmen, wobei er zu einer neuen, sein Herz erwärmenden Erinnerung Luft holte. Aber Munkelt nickte nur und stellte sofort eine Gegenfrage: »Bin ich nun auch von Adel?« – Freilich erinnerte sich Forster, so etwas in seinem Zeitreisebuch geschrieben zu haben, wenn man mit dem Wasser des Rheines so enge Bekanntschaft geschlossen hat. Und er bejahte die Frage so überschwänglich, den neuen Freund um die Schulter fassend, weil beide vom Gegenteil überzeugt waren.
Zwei Spötter, die sich verstanden.
Auch Kommissar Kleim wäre nicht auf die Idee gekommen, dem einen wie dem anderen eine Schuld zu zuweisen, wenn er es gesehen hätte.

Als sich das Schiff am Ende der Fahrt wieder Mainz näherte und der Kommissar schon seinen kleinen Ermittlungskoffer missmutig gepackt hatte, kam die Frau Kapitän, Sophie, aufgeregt zu ihm und zeigte ihm ein Taschentuch feinster Art, umhäkelt, aber mit einem erstaunlichen, eingestickten Muster. »Das,« sagte sie zu Kleim, »hat Anna S. gehört. – Hier das Monogramm!« Sie habe sie bis vor wenigen Minuten noch auf einem Stuhl am Fenster sitzen sehen. Dort habe sie ihre Handtasche ganz und gar aus- und wieder eingeräumt. »Sie hat dabei immer aus dem Fenster gesehen, Mainz entgegen, Herr Kommissar! – Die ganze Tasche leergeräumt und wieder ein, Herr Kommissar! Und das Taschentuch vergessen, und sehen Sie mal, was das ist!« – Was Kleim da sah, glich tatsächlich in der filigransten Stickerei Hammer und Sichel, den Insignien des Kommunismus und sein Gesicht verfinsterte sich. Er eilte zum Ausgang, aber die ersten Fahrgäste hatten das Schiff bereits verlassen, auch besagte Anna.
Zurückgekehrt, verlangte er noch einmal die bekannte Liste von der Frau Kapitän.
Ihm war ein vager, aber begründeter Verdacht gekommen, immerhin wenigstens einer am Schluss seiner Untersuchungen. Munkelt und diese Anna kann-

ten sich wahrscheinlich von gemeinsamen informellen, staatssichernden Mitarbeiten im Osten.

Da trat Forster hinzu, sah auf die Liste und schmunzelte: »Das finde ich gut: Vor dem Namen unserer Anna steht das siebte Kreuz in der Liste.« – Clemens, der Kommissar und Sophie blickten verständnislos. »Eijo, unsere Anna Seghers ist doch Ehrenbürgerin von Mainz. Was sind da schon sechsundzwanzig Jahre Vorsitzende im Schriftstellerverband der DDR?!«
Dann aber erfasste ihn wieder seine Vergangenheitseligkeit und er sagte leutselig und gespreizt: »Clemens, halte er uns nur die Römer etwas vom Leibe, aber bringe er uns ihre Romantik!«

Kommissar Kleim ging schweigend davon. »Hätte ich mir es doch denken können, dass das alles Schriftsteller sind; solche Leute bringen Welt und Zeiten durcheinander«, murmelte er im Abgehen ärgerlich.

Damit wurde die Akte Munkelt jedoch nur von Kleim persönlich und im übertragenem Sinne geschlossen, denn mangels Beweisen und der Interpretation als Bagatellfall wurde sie gar nicht erst angelegt.
Mochten sie doch singen, was sie wollten, meinetwegen auch »Deutschland, Deutschland über alles …« dachte Kleim trotz allem sehr erleichtert.

Rhein-Partie

# ICH GEH AUF KORFU ...

... so für mich hin – unter Palmen im September, nahe dreißig Grad. Robust küsst das Ionische Meer den Strand. Menschliche Ansprüche schwinden: Sonnenschirme und Liegen. *Sichel* hieß die Insel in der Antike: *Drepanon.*

Die Hippe unter meinen Füßen? Und der Wagen rollt in Wellen und mit Meeresstimme jahrmillionenlang? – Odysseus ließ sich locken.

Ich gehe auf Korfu so für mich hin plötzlich ohne mein All-inclusive-Band des Hotels, verloren auch mein Personalausweis. Bang fühle ich deutsch. Zudem sehe ich tausende, ertrunkene Insekten in der Brandung, gestorben nach der Paarung.

Ich lebe, geboren heute vor ...

Ich gehe auf Korfu im fauchenden Atem des Meeres. Es schaufelt Kies wie Eis. – Mein Wellengrab?

Dort ging ich, dort stand ich, doch schon die dritte Welle verwischte meine Spur; kein Ab- oder Eindruck bleibt. Das Meer kennt kein Verformen, das Leben bestraft nicht, es vergeht.

Noch bin ich! – Vorfahren, Väter, Mütter, Tanten, Onkel, Freunde sind nicht mehr.

Ich kenne ihre Spuren. Ich weiß von ihrem Leben.
Ich gehe nicht so für mich hin ...

Es rascheln die Palmwedel wie Papier.
Auf Korfu geht es der zweiten Ernte entgegen: Zitronen, Orangen, Oliven, Wein. Und auch ich kann die zweite Ernte einbringen. Halbreife Manuskripte aus vergangenen Jahrzehnten schlingern in der Brandung meines Lebens. – Ich sehe plötzlich ungerührt, wie Band und Ausweis, diesen leblosen Tand, weit weg schon, die Wellen wiegen. Doch aus dem Wasser hebt es die Anfänge meiner und die lebendigen Erzählungen der Meinen auf, ein wertvolles Strandgut.

»Hoppah!« rufe ich laut dem Meere zu und tänzele der Welle nach und weiche vor der nächsten zurück. Ich fühle Hände und Arme auf meinen Schultern und denke an Christos P., der mit uns griechisch tanzte. Er wollte immer nach Hause in sein Griechenland als wir gemeinsam studierten. Verständnis fiel mir damals schwer. Ich ging im deutschen Lande so für mich hin … und sah nicht die unendlichen Wellen und das Vergessen im Vergehen.

Zuweilen leuchtet der klare Grund des Meeres, doch zeigt sich kein Fisch, schweigender Verwandter meiner Art Mensch.
Ich kann sprechen.

Die Meinen vergingen. Sie hatten nichts zu protzen, nichts zu verkünden, nichts zu vererben, wenig wohl zu verderben; sie schenkten der Welt ihr Leben. Und sie behüteten es so gut sie konnten, und sie brachten ihre Gesellschaften voran in der Mitte Europas, im gemäßigten Klima, das sie geprägt hatte – Welle auf Welle in großer Zahl, Generation auf Generation. Ich nähere mich ihnen, und aus der Gischt springen mir meine alten Manuskripte entgegen, am Horizont ziehen die Schatten meiner Leute, zu Höhenzügen verschmolzen. Manche entfernten sich in den Weiten der Welt – in Amerika, in Russland und was weiß ich wo, wohl auch im eigenen unübersichtlichen Land mit den engen Gesichtskreisen. – Jetzt und hier, im Angesicht der alten Gemäuer, sonnengebleichten Skeletten gleich, begegne ich meinen Versuchen, meine Leute Heim holen zu wollen und ihr unwandelbares Wesen als Erbteile sichtbar zu machen. »Tropfens Heimkehr«, »Behinderte Heimkehr«, »Warten auf den Anschluss« … Mehr als Arbeitstitel.
Ich sehe auf den Grund, und Welle für Welle überflutet mich.
»Vom Wachsein«, »Kernholz«, »Nestbau«. Die Brandung der Zeiten bewegt auch die Befindlichkeiten meiner Leute. Sie hielten den Fluten stand, und mein bewegtes Land sind meine Manuskripte. Ebenso »Die Abfindung« und »Feuerbestattung« – Geschichten vom Vergehen, im Äther verrauscht.
Als schmutzigweiße Fetzen führt sie mir die Brandung vor. Makulatur? Schaumgeschlagenes? Unvollkommenes und Unvollendetes …

An der Wiege unseres Kontinents, in der Nähe der Denkmale von Achilles, gehe ich zu meinen Helden, die stets nur Randfiguren waren im Sinne der verschroben sich entwickelnden Zivilisation. Ich fühle mich in der Schuld meiner Leute. War ich ein ungeschickter und unentschlossener Knecht meiner Zeit?

Die Hellenen sahen den verwundeten Achill sterbend, aber unbesiegt. So kniet er heute noch als antike Plastik, überlistet ja, doch verwundet nur an seiner Ferse.

Die da von den scheinbar schläfrig dahinströmenden Flüssen Mitteldeutschlands kamen, ergaben sich nicht.

Ich greife spät in die Schlacht ein – meine Achillesferse.

Die zweite Ernte ist nicht so gut wie die erste, sagt man hier und meidet den Aufwand.

Odysseus Schiff zerschellte, aber er fand von hier nach Hause.

Ich bevorzuge die weichen Wellen, denen nun auch wieder die Wölfe folgen in der neuen, behüteten Wildnis Ostdeutschlands.

Bin ich ein Küstenwolf?

*Ich geh auf Korfu so für mich hin . . .*

# VON EINEM, DER SICH AUSZOG ...

... als er ausgezogen war bei seiner Ex-Frau. Es lagen etwa hundert Kilometer zwischen ihr und ihm. Aber seiner Neuen gefiel seine Garderobe nicht. Was würde ihr noch nicht gefallen? Schon vor seinem Besuch hatte er, um die Fronten zu klären, ihr verkündet: »Ich bin Kommunist.« – Sie bat ihn in die Stube. Gleich an der Tür stand ein großer Kachelofen und hauchte ihn heiß an. Das wünschte er sich wieder einmal von einer Frau. Der Raum atmete mehrfaches Kerzenlicht von den Fenstern und vom Couchtisch, wo der Adventskranz prangte. Über einem Schränkchen leuchtete ein Stern, nicht der Stern der sozialistischen Planerfüllung, sondern der von Bethlehem. Darunter stand eine Gruppe Kurrendesänger in schwarzen Umhängen. Seine Neue erklärte unumwunden, dass sie auch einmal dazu gehört hätte, und er bekannte, er hätte einmal mit einer christlichen Jugendfreundin geflirtet, das sei zu den Weltfestspielen der Jugend und Studenten in Berlin gewesen, am Müggelsee. »Aber meine Mutter war mit, ich war fünfzehn«, sagte er mit einem wehmütigen und entschuldigenden Lächeln. Sie lächelte ebenfalls, sagte aber nichts und strich ihm über die Schulter als wollte sie sagen: »Jetzt bin ich da statt der christlichen Jugendfreundin«. Es wurde ihm warm und wärmer. Und als sie ihre Hand leicht von seiner Schulter gleiten ließ, fiel ihm auf, dass er den Pullunder – verschiedenfarbig auf die untere Ecke gestellte, verschobene Vierecke – noch trug. Auch der gefiel ihr nicht. Es wurde ihm heißer zwischen Ofen und Frau, und er zog ihn aus. Das bunte Stück hatte ihn an seine Komikzeiten erinnert; sie retteten ihn damals vor den täglichen, anstrengenden Wahrheiten seiner Wirklichkeit. Zuerst trug er es zu einem Faschingsvergnügen und später in so mancher Szene des politisch-satirischen Kabaretts, jenem Volksunmutsventil. Seine Welt war aber danach nur manchmal etwas heiterer geworden; seine Ideale überlebten alles. In dieser Situation, streng genommen mit fremder Frau in fremder Wohnung, die vielleicht auch mal seine sein könnte, war ihm alle Komik vergangen. Als sie das alberne Ding sorgfältig zusammenlegte, konnte er auch nicht lachen, nicht mal schmunzeln. »Was unterscheidet Umhänge eigentlich von Mänteln?« fragte er sich. Sein Mantel, ein ziemlich unmodernes Stück, hing schlaff und abgetragen in der Diele des ersten Stockes, wo die Neue in einem villenartigen

Haus mit ihren Kindern wohnte. Der Mantel hatte schon allerlei sozialistische Rezeptbüchlein in seinen Taschen getragen, ein einfacher Stoffmantel in Pfeffer-und-Salz. Aber scharf war sein Träger nicht, fand seine Neue, in keiner Beziehung.

Was sie nicht wusste: In jüngeren Jahren hatte er einen Trenchcoat getragen, fast zu allen Jahreszeiten; ins Deutsche übersetzt bedeutet das Wort eigentlich Schützengrabenmantel. Mit dem Hut dazu sah er aus wie ein Detektiv, aber er taugte dazu nicht, weil er zu viel träumte. Immer wünschte er sich ein neues Leben, aber er hatte keine richtige Vorstellung davon, wie es aussehen müsste.

Auf der Hutablage in der Diele lag an jenem Abend seine flache, karierte Mütze mit Schild und Knopf ganz oben. Seine Ex-Frau hatte ihm manche solcher Mützen abgenommen mit einem mitleidigen Lächeln und den spöttischen Worten: »Das steht dir nicht.« Darin glichen sich wohl alle Frauen. Ja, sie freuen sich, wenn wieder einmal ein solches Stück versehentlich in öffentlichen Verkehrsmitteln liegen gelassen wird. Unser Held hatte sich immer wieder eine neue Kopfbedeckung gekauft, weil er sich damals ohne sie nackt vorkam, wie ein Kämpfer ohne Helm.

An diesem Abend hatte er Kampfpause. In der Diele standen seine ganz gewöhnlichen Schnürschuhe neben denen der Kinder. Er wollte wieder einmal ein Filzpantoffelheld werden, eine Familie haben, nicht über Trümmer und Scherben marschieren müssen. Vielleicht wäre ihm schon am Anfang ein bisschen der Frack gegangen, wenn er einen gehabt hätte, aber so etwas konnte er sich nicht leisten, und proletarisch musste man schon aussehen, wenn man zu den Siegern der Geschichte gerechnet werden wollte – als einer von vielen.

Während er sein Bewusstsein mehr der klassenkämpferischen Praxis verdankte, war seine Männlichkeit eine schulische Angelegenheit. Er lernte gerne und glaubte an die Harmoniefähigkeit von Mann und Weib, von Körper und Geist, von Seele und Verstand und von Bürger und Staat. Das alles fand er vereint in einer Weltanschauung, die er als seine Freundin betrachtete. Er sprach nicht von ihr, hatte die Neue früh genug gewarnt: »Ich bin ...« Er fürchtete nicht, dass sie ihn belauere, um herauszufinden wie er war. Aber hatte sie es auf seinen Körper oder auf seinen Geist abgesehen? Von beiden zeigte er keine Prunkstücke, und seine Hüllen waren es sowieso nicht.

Vielleicht machte sie auf ihn einen madonnenhaften Eindruck, doch ihre Nähe empfand er ganz materialistisch, denn sie roch appetitlich, und bei Berührung gab es Überspannung.

Aber beten würde er mit ihr auf keinen Fall, dachte er, während sein Kreislauf immer stärker pulsierte. Als er bemerkte, dass er seine Hände umfasst hielt, kam ihm diese Geste jedoch unsinnig vor – wie der Einheitshandschlag auf seinem Parteiabzeichen.

Ihm wurde immer wärmer, aber die Wärme steigerte sich nicht zur Hitze im Gefecht. Was ihm blieb, war das Gefühl von Zuhause, Familie und von Weihnachten.

Auch ein Kämpfer braucht eine Familie, meinte er. Gegen solche Helden hatte er etwas, die gemacht und ernannt werden von der Macht; er selbst fühlte sich schon lange nicht mehr mächtig genug, um mitzubestimmen. Als seine Ex-Frau ausgeflippt war, ihm dann immer häufiger fernblieb und auch nicht mehr an seine Wäsche wollte, half ihm kein Genosse. Im Gegenteil: Als er anfing, sich vor seiner Genossin Frau zu fürchten, brummte ihm seine Parteigruppe für ein kleines Vergehen eine Parteistrafe auf. Schief angesehen hatte sie ihn schon lange. – »Wie der aussieht?! – Wer will der eigentlich sein? – Sind solche überhaupt richtige Männer??« – Für seine angetraute Genossin war er eine männliche Erscheinungsform, die sich als Experimentierfeld sozialistischer Psychologie eignete und ihn selbst betrachtete sie als einen den Sozialismus heuchelnden Spießbürger. Sie fand ständig neue Ursachen für die Missgeschicke in ihrer Ehe, und er begann auch, die Ferne von ihr zu suchen. Jeden Tag eine andere Schuld zu tragen und Unglücke am Fließband zu erleben, hält kein Mensch aus. Die anfänglichen Versöhnungsfeiern endeten meistens in völlig unproduktivem Rausch. Auch ohne ihre billigen Klamotten sahen sie und auch die Aussichten nicht besser aus. Er empfand sie beide sowieso als Nacktbader auf dem trockenen sozialistischen Strand; an ihnen zogen die Erfolgswellen vorüber, ständiger klassenkämpferischer Seewind ließ sie frösteln.

Aber jetzt konnte sich das ändern. Was würde jedoch mit seiner geliebten Weltanschauung?

Er versuchte, nicht daran zu denken, obwohl es ihm schwer fiel.

Dieser Besuch beispielsweise – kam er nicht einem Verrat an seiner Klasse gleich?

Er dachte diese Frage nur sehr flüchtig, seine Genossin Frau hätte sie vielleicht inquisitorisch gestellt. Er wusste aber auch, dass in Zeiten der politischen Bündnispolitik eine taktische Konvergenz zeitweise gewünscht und möglich ist. Ob nun der Stern von Bethlehem oder der vom Kreml ihr Rendezvous überstrahlte, spielte keine landesverräterische Rolle. Seine geistige Freundin, die Weltanschauung, hatte bisher immer einen Ausweg gefunden.

Deshalb hatte er auch keine Furcht gekannt. Anfangs dacht er: Sollte meine Neue an Gott glauben, hat sie Ihren Geliebten und ich meine Geliebte, die beide keinen Rock brauchen. Seiner, sein parteilicher, hing draußen am Garderobenhaken an diesem Tag sehr überflüssig. Diese sterile Furchtlosigkeit empfand er jetzt dumm. Das Hemd war ihm heute näher als der Rock, und noch hatte er die Hose an. Sein Hemd erinnerte ihn nur noch entfernt, weil verblichen, an das leuchtende Blau der Freien Deutschen Jugend, das er einst mit kämpferischem Sinn getragen hatte. Nein, er wollte dieses Blau nicht ein ganzes Leben lang in den Wind heben. Es zwickte und riss auch schon in seinen Knochen. Er sagte sich: In einer sozialistischen Familie kann man das Klassenkämpferische entschärfen, wenn Liebe die Strategie und Taktik durchkreuzt. Dieser Gedanke verunsicherte ihn aber auch.

Die Hose mit der scharfen Falte, die er wie zu seinen Militärzeiten gebügelt hatte, besaß inzwischen Querfalten, die den Eindruck von einer sozialistischen, männlichen Persönlichkeit brachen.

Die Kinder waren zur ersten Vorführung gekommen und hatten ihn angesehen wie ein neues, buntes Schmuckstück am Weihnachtsbaum. Er selbst fühlte sich irgendwie als Weihnachtsmann, obwohl noch nicht Weihnachten war, verteilte Bonbons und freundliche Worte und erntete eine brave Begrüßung; und dann waren sie wieder weg in ihre Zimmer.

Unser Held saß allein der Frau gegenüber, ihren kritischen Blicken ausgesetzt.

Er hatte sich bisher kaum gefürchtet in seinem Leben, denn er hielt seine Weltanschauung für außerordentlich lebenstüchtig. Von ihr ging eine Bestimmtheit aus, in die er sich flüchten konnte. Die neue Frau aber regte ihn auf, weil ihre Unbestimmtheit sehr natürlich und selbstverständlich auf ihn wirkte, ohne dass er hätte argumentieren müssen wie bei seiner alten. Ja, diese Art tat ihm sogar wohl, aber er verstummte zunehmend. »Was ist das?« fragte er sich. Bedeutete es Einverständnis von vornherein? Und womit? Er konnte sich dieses Gefühl nicht erklären. Vielleicht würde es zerbrechen an einer seiner Ungeschicklichkeiten? Der Held saß also lieber still und unsicher auf einem Sessel in der fremden Wohnung.

War er schon ausgezogen? Nein, nicht durch sie und nicht von ihr. Das Wort *Lumpen* hatte sie nicht einmal gedacht. Er selbst praktizierte das Ausziehen. Beiläufig hatte sie zugesehen, ihm gelegentlich auch geholfen — sehr gelassen und freundlich. Nur einmal noch dachte er flüchtig an dialektische Gegensätze und spürte doch eher dialektische Zusammenhänge.

Ziehen sich Gegensätze an?
Waren sie beide Gegensätze?

Jetzt, da er im verblichenen blauen Hemd bei ihr saß, entdeckte sie einen lockeren Knopf daran und meinte, sie wolle ihn gleich annähen. Dazu mussten sie aber in die Schlafstube nebenan gehen, wo sie ihr Nähzeug hatte. Sie deutete an, dass er es ausziehen müsse, und er tat es sofort und folgte ihr auf seinen grauen Alltagssocken mit den roten Punkten in das schummerige, kühle Zimmer nebenan, in das nur durch die verglasten Türen Licht drang. Zum Nähen schaltete sie die Nachttischlampe an, setzte sich auf die Bettkante, und er stellte sich neben sie und wagte, ihr über den Scheitel zu streicheln. Dann war sie fertig mit dem Nähen, stand auf, beide ertasteten sich, sie seine zerknitterte Hose, er ihren wolligen, warmen Rock. Sein weißes Dresshemd leuchtete im Halbdunkel, und er sah beinahe so aus wie in jungen Jahren als Geräteturner. Mit einer weiteren Streicheleinheit berührte er ihren Busen. Sie lauschte noch einmal, ob die Kinder auch schliefen, dann fühlte er mehr als er es sah – ihr Lächeln, feenhaft und leuchtend kam es ihm vor, ein Widerschein der Vorweihnacht. Und plötzlich fürchtete er, das alles sei weg, die ganze sozialistische Welt könnte ihn angrinsen. Irgendeiner würde spöttisch mahnen: »Du bist verheiratet, Mensch, mit einer Genossin!« – Da breitete sich ein Hochgefühl in ihm aus, und es schwanden ihm nicht die Sinne, sondern wurden eins mit seinem Verstand, der keine Rücksicht nahm auf alles außerhalb dieses Raumes – aus Furcht, diese kleine Welt gegen die große zu verlieren. Es fiel jegliche Bemäntelung – Parteidisziplin, hohle Treue und selbst Gesetze – von ihm. Eine beinahe kindliche Freude erlöste die gefangenen Gefühle in beiden Menschen. Vorsichtig, aber fest umfassten sie sich. Als wollten sie nichts zerbrechen, nichts verletzen, so schwebten sie gänzlich unverhüllt ineinander. Und sie wussten beide, dass sie nie Adam und Eva sein könnten, aber diese Welt hatte ein neues deutsches Paar.

Von nun an fürchteten sie vor allem umeinander, trennten sich von ehemaligen Partnern, heirateten und behaupteten sich in der sie umgebenden Welt. – Etwas erschrocken stellte er im Jahr der »friedlichen Revolution« fest, dass sie sich schon vorher, ohne zu demonstrieren, gewendet hatten. Statt des Mantels trug er einen Anorak, und sein Parteiabzeichen legte er sehr besonnen zur Aktivistenplakette seines längst verstorbenen Vaters.

# INHALT

## DER AUTOR

Horst Seidel wurde 1936 in Leisnig/ Sachsen geboren. Er erlernte zunächst den Beruf eines Malers, erwarb später ein Diplom als Bibliothekar und absolvierte erfolgreich ein Studium am Institut für Literatur in Leipzig.
Zahlreiche Veröffentlichungen in Zeitungen, Zeitschriften und Anthologien, Texte für Kabarett und Rundfunk stammen aus seiner Feder.
Viele Jahre leitete er das Amateurkabarett. 1997 wurde ihm ein Diplom als Karikatur- und Presszeichner zuerkannt.

Im Verlag DIE SCHEUNE Dresden erschienen die Prosasammlungen »Kommen und Gehen« (1997 und zweite Auflage 2001) und »Born zwischen den Wassern« (2004). Die Romane für Kinder »Kletterpaule von Heiligenborn« (2006) und »Oli, Felix und die Wölfe« (2008) erschienen im Engelsdorfer Verlag Leipzig.
»warten auf anschluss« ist seine erste Veröffentlichung im goldenbogen verlag.

Horst Seidel lebt als Schriftsteller und Zeichner in Dresden.